FAMÍLIA

URGÊNCIAS E TURBULÊNCIAS

Dados Internacionais de Catalogação na Publicação (CIP)
(Câmara Brasileira do Livro, SP, Brasil)

Cortella, Mario Sergio
Família : urgências e turbulências / Mario Sergio Cortella. – 2. ed. – São Paulo : Cortez Editora, 2025.

ISBN 978-65-5555-625-4

1. Convivência 2. Criação de filhos 3. Educação de jovens 4. Família - Relacionamentos 5. Pais e filhos - Relacionamentos 6. Relações familiares I. Título.

25-305588.0 CDD-370.15

Índices para catálogo sistemático:

1. Pais e filhos : Relacionamento : Educação familiar 370.15

Cibele Maria Dias - Bibliotecária - CRB-8/9427

MARIO SERGIO
CORTELLA

FAMÍLIA

URGÊNCIAS E TURBULÊNCIAS

2ª edição
revisada e ampliada

CORTEZ EDITORA

FAMÍLIA: URGÊNCIAS E TURBULÊNCIAS
Mario Sergio Cortella

Projeto Editorial: Elaine Nunes
Edição para o autor: Paulo Jeballi
Revisão: Alexandre Ricardo da Cunha
Agnaldo Alves
Capa: Danielle Gurgel
Projeto gráfico e diagramação: Linea Editora
Coordenação Editorial: Danilo A. Q. Morales

Direitos para esta edição
CORTEZ EDITORA
Rua Monte Alegre, 1074 – Perdizes
05014-001 – São Paulo – SP
Tels. (55 11) 3864-0111 / 3611-9616
cortez@cortezeditora.com.br
www.cortezeditora.com.br

Impresso no Brasil – outubro de 2025

SUMÁRIO

APRESENTAÇÃO

URGÊNCIAS E TURBULÊNCIAS

Nós temos hoje urgências e turbulências na questão da família. E algumas dessas urgências não podem ser adiadas. Precisamos nos lembrar de que, em muitas situações, é melhor agir cedo antes que seja tarde.

Não podemos mais tardar em tomar alguns cuidados no âmbito da família. Cuidados esses referentes às responsabilidades do mundo adulto com aqueles de que devemos cuidar, e cuidados também com nós mesmos, para que nos preparemos para essa missão.

Eu e várias outras pessoas nos cansamos de apenas ouvir queixas, isto é, ficar no nível da constatação lamuriosa na qual se diz "o que eu posso fazer?", "eles são assim", "a vida é assim". Ou de ouvir expressões nostálgicas de lamentação "ah, no meu tempo...", "eles não são mais os mesmos". Não podemos entender essas urgências e turbulências como uma fatalidade, tampouco como a admissão da falência dos nossos esforços. Devemos entendê-las como uma ocorrência que, se foi por nós consentida ou produzida, pode ser desconstruída, reinventada, refeita de outro modo.

Reforço a ideia, já tratada por mim em outras ocasiões, de que a nossa tarefa não é fazer a autópsia, mas fazer a biópsia. A autópsia é o procedimento em que se constata a *causa mortis*. Nós precisamos adotar o princípio da biópsia, em que se pega uma estrutura viva, se identifica o problema e se ajuda a corrigi-lo para que a vida seja preservada.

Hoje há um falecimento das condições de formação e criação de crianças e jovens. Muita gente entrega os pontos, desiste de fazer o esforço com inteligência que é necessário para formar alguém. Isto é, há necessidade de nós, adultos, nos estruturarmos quase como uma força-tarefa para não perder essa nova geração, que é exuberante em vários aspectos, capaz de ações maravilhosas, mas também capaz de produzir horrores, enfraquecimentos éticos e distorções na convivência.

Não basta a um pai, a uma mãe ou àquele que cuida considerar isso ofensivo. Que não olhe a conduta do filho, do enteado, como uma ação ofensiva de alguém insolente. É preciso buscar as raízes dessa insolência, dessa eventual falta de educação no trato. Ao identificarmos a origem desse comportamento, seremos capazes de enfrentá-lo.

Não basta a um pai, a uma mãe ou àquele que cuida considerar isso ofensivo. Que não olhe a conduta do filho, do enteado, como uma ação ofensiva de alguém insolente. É preciso buscar as raízes dessa insolência, dessa eventual falta de educação no trato.

Se nós temos a vida como um valor estupendo, se olhamos a possibilidade da convivência e dos afetos como algo que não pode ser banalizado, é necessário que tomemos um caminho. E isso requer dois movimentos: o primeiro está em identificar as fontes dos males e observar ali as urgências e turbulências que carregam; o segundo movimento consiste em agirmos em vez de ficar apenas no campo da lamentação e da melancolia.

Existe hoje, da parte dos adultos nas famílias, um território melancólico em que se diz "pois é, não dá", e as pessoas vão se entristecendo. Uma parte da tristeza de pais e mães não vem da impossibilidade de oferecer condições materiais para os seus filhos. Vem exatamente porque essas condições materiais parecem não bastar, elas não são fonte de alegria e de prazer, mas encaradas como obrigação.

Nessa hora, é preciso que vejamos as origens dessa situação, analisemos o *status* atual e mudemos os rumos em direção a um futuro mais alvissareiro. Que o cenário daqui a 10, 20, 30 anos produza em nós alegria e orgulho de termos feito o que deveria ter sido feito, em vez de arrependimentos e frustrações. Não nos acovardemos. É preciso identificar as causas e buscar a solução. A admissão da falência da nossa capacidade de cuidado diminui a dignidade e é uma forma de fraqueza diante daquilo que precisa ser feito.

Como diz o samba *Volta por cima*, de Paulo Vanzolini (1924-2013), "Levanta, sacode a poeira e dá a volta por cima". Quem tem disposição para encarar a vida "reconhece a queda e não desanima. Levanta, sacode a poeira e dá a volta por cima".

A finalidade deste livro é que sejamos capazes de dar a volta por cima e chegar a um lugar no qual tenhamos gosto e satisfação pelo trajeto percorrido.

1

ANGÚSTIAS DA CRIAÇÃO TURBULENTA

Percebo hoje nas famílias, especialmente naquelas com pais e mães com menos de 50 anos, um mal-estar diante da convivência intergeracional. São pessoas que vivem angústias em relação à criação dos filhos e também advindas das preocupações com aqueles que têm mais idade, os pais dos pais, os avós.

Nesse contexto, o dado mais preocupante é a incapacidade que parte desta geração demonstra no enfrentamento de questões relacionadas às novas gerações. Querendo ser muito amigos dos filhos, pais e mães promovem um clima de camaradagem excessiva que beira a complacência e pode ser perigosa, na medida em que rompe alguns laços de autoridade. Observa-se uma dificuldade em se chegar a uma situação de equilíbrio, em que haja uma vida harmônica, mas disciplinada. Uma vida com liberdade de convivência, mas que não abra mão da ética do esforço. Que não seja opressiva, tampouco desordenada.

Os meus pais — isto é, os pais dos pais dos pais em relação à geração atual — não tinham essas questões. Porque os modelos eram mais óbvios, bastava repeti-los. Meus pais fizeram o que fizeram meus avós. A lógica era que criança obedece ou fica de castigo ou apanha. Meus pais viveram isso sem tanto peso. As atividades paternal e maternal eram muito afeitas à ideia de cuidar com disciplina. Já a minha geração deu vez à formação dos filhos com mais direito à liberdade: a criança e o jovem podiam emitir opinião. Ela retirou da palavra "infantil" o sentido original que tem. *Infante*, em latim, é "aquele que não pode falar". E, portanto, diminuiu a infantilização da infância e abriu espaço para que o filho ou a filha tivesse alguma voz. Mas não toda a voz. Na geração dos meus avós, era "nenhuma voz"; na dos meus pais, "talvez alguma voz"; a minha geração criou seus filhos "sim, eles têm direito a alguma voz"; a atual geração de pais dá a eles "toda a voz". Quando falo "voz", não estou falando de liberdade de expressão, mas de poder de decisão, da possibilidade de escolha autônoma, às vezes até soberana.

Essas angústias são partilhadas por essas gerações conviventes de modos diferentes. Esta atual geração de pais na faixa dos 50 anos tem nostalgia de algumas práticas: "Bastava o meu pai olhar e a gente obedecia", "minha mãe falava 'basta' e bastava". Um tipo de nostalgia quase queixosa. Esse mal-estar que gera angústia resulta de um desconhecimento de como lidar com as novas gerações. Ele é mais proveniente de falta de formação para lidar com esse modo novo de convivência do que de fato uma questão de princípio. Não se trata de "eu não sei o que fazer" no sentido de desistência, mas de desconhecimento mesmo.

Uma das frases que eu mais ouço ultimamente dos pais e das mães (cabe esclarecer que, neste livro, paternidade e maternidade se referem aos responsáveis pela formação de alguém, e não apenas aos pais biológicos) é "essas crianças são assim" ou "essa juventude é desse jeito", como se essas

> Esse mal-estar que gera angústia resulta de um desconhecimento de como lidar com as novas gerações. Ele é mais proveniente de falta de formação para lidar com esse modo novo de convivência do que de fato uma questão de princípio.

crianças de hoje fossem uma fatalidade, que se originassem de outro lugar que não de nós. Há uma falência da expectativa e, consequentemente, da ação, numa conformidade muito danosa. É a suposição de que "eles são assim, o que eu posso fazer?". Os pais estão quase sempre na condição de reféns. "Se eu não der, ele chora", "se eu não fizer, ele grita", "se eu proibir, ele fecha a cara." Como se essas crianças e jovens fossem detentores exclusivos de direitos contínuos. Não que não tenham direitos. Mas não têm nem todos os direitos e nem de modo contínuo.

A principal angústia é a sensação de fracasso. "Meus pais me formaram bem, para trabalhar, para buscar autonomia, e eu não estou conseguindo fazer o mesmo." "Meu filho não quer estudar, passa o dia inteiro na internet e não há o que eu possa fazer."

Claro que há causas para essa situação, e a principal é a rarefação da convivência. Os pais gastam parte considerável do tempo no mundo do trabalho, incluindo aí as horas passadas no deslocamento para casa, principalmente nas grandes cidades, e nas tarefas profissionais levadas para casa. Essa redução brutal do tempo de convivência faz com que as pessoas não se conheçam. E, de maneira geral, aquele que tem responsabilidade de formar, por não conhecer aquele com quem está lidando, fica enclausurado. Eu tenho a sensação de que alguns pais e mães ficam restritos a determinados espaços da casa. É como se praticamente todo o território da família pertencesse aos filhos, que levam os amigos, que fazem o que desejam, que, quando querem, também ficam reclusos em seus "castelos", que são os seus quartos. É como se a família fosse apenas um criadouro, não um local de formação, de aprendizado, de convivência, de alegria, de afeto.

Olha que frase curiosa: "Eles têm a vida deles", usada predominantemente por pais de adolescentes. É como se "ter a vida deles" significasse que eles pudessem seguir sem nenhum tipo de controle, de supervisão, isto é, pais e mães abrindo mão da responsabilidade que têm. Isso faz com que fiquemos marcados pela angústia. Nós corremos o risco de minar a formação ética das novas gerações. E esta geração perdeu um pouco a capacidade de entender que a vida coletiva é uma construção que exige esforço, dedicação e, portanto, requer também ordenamento.

A geração que está criando a atual estabeleceu a liberdade como um valor. Liberdade de pensamento, de conduta, do uso da roupa que quiser: "Coloco *piercing* e a tatuagem que eu quiser, o corpo é meu". Essa ideia de posse de si mesmo foi muito marcante. Ela, no entanto, desandou no momento de formar pessoas, porque essa ausência de fronteiras pode se transformar em algo absolutamente danoso, que é a incapacidade de contenção.

Vida também é renúncia, vida e convivência também demandam contenção. Quando Sigmund Freud escreve *Mal-estar na civilização* (1930), ele está falando das potências internas, o que ele chamaria de impulso, que faz com que, em última instância, eu pense apenas em mim mesmo. Meu grande temor em relação às novas gerações é que se reforce o individualismo em excesso. Como já falei em várias ocasiões, desejos não são direitos.

De onde vem essa angústia? Da sensação forte de que "eu não sei o que fazer". Isso angustia porque reflete a falência da responsabilidade de um adulto sobre os seus. Há uma confusão sobre não saber o que fazer, que não vem só do fato de não se ter clareza, mas também porque os modelos existentes vêm de um passado que não é tão distante se contado em anos, mas significativamente distante se contado em velocidade da vida. E os modelos são, de fato, do século passado. Nós já estamos com uma geração que neste século se tornará adulta com 17 para 18 anos. O século XXI, que para muitos de nós parecia um tempo longínquo, chegou. Agora o século XX já parece distante, mas ainda desperta saudade em muitos pais e mães, por ter sido um tempo em que a autoridade era exercida sem medo, sem desespero.

Atualmente, há uma percepção de que ser amigo dos filhos implica uma camaradagem excessiva. Nota-se um "assembleísmo" em relação às decisões familiares, em que tudo tem de ser decidido em conjunto, com igualdade de forças. Essa diluição das energias relacionadas à disciplina, à autoridade, à organização pode anunciar uma condição de colapso.

A disciplina é necessária para não deixar a vida solta. A disciplina organiza o estudo, o lazer, o trabalho e as demais atividades. Não é um constrangimento, é uma forma de ordenação das coisas. Uma geração que se forme de modo indisciplinado não terá um comportamento saudável no convívio com o outro. A criança e o jovem precisam entender que existem limites, e que esses limites são fronteiras, não barreiras. Fronteira é o indicativo de até onde se pode ir. Barreira é aquilo que impede o avanço.

Por exemplo, eu, Cortella, gosto de cozinhar para a família. E essa tarefa não me traz sofrimento, justamente porque sou disciplinado. Eu planejo, coloco os ingredientes na bancada, organizo os tempos de preparo de cada prato e, ao final da refeição, a sensação é de felicidade. Mas esse bem-estar só foi possível porque houve disciplina.

No campo da educação escolar, é cada vez mais comum a frase: "A gente não consegue dar aula". O que se consegue, especialmente na rede pública, por ser majoritária no país, é usar as estruturas de controle massivo o tempo todo. Hoje é considerado um grande mérito de um docente impedir que os alunos se rebelem. Se eles ficarem contidos em sala de aula e não saírem quebrando e destruindo, já é um feito. Se eles estão ou não aprendendo passa a ser secundário, desde que o docente consiga manter minimamente a disciplina. Nunca se trouxe à tona isso com tanta força. Durante muito tempo, a área de educação escolar era marcada por rituais. Essa ritualística fazia com que, mais do que a ideia de respeito, se tivesse a noção de temor, embora se desse o nome de respeito. A professora entrava e todo mundo se levantava, o adulto chegava e os alunos ficavam com a mão para trás. Isso está diluído, embora ainda persista nas escolas de base militar.

"Eu não sei o que eu faço." Essa ideia é absolutamente angustiante, porque um adulto na faixa de 35 anos sabe que tem responsabilidade, mas não sabe o que fazer para cumpri-la. Existem duas possibilidades, citadas em *Henrique IV*, obra de William Shakespeare: "ou afunda ou nada".

É claro que o colapso dessa convivência familiar pode emergir com a ideia de que "essas crianças são impossíveis". Elas não são impossíveis. Se o fossem, não existiriam. A expressão é muito mal empregada. Elas não são geração espontânea. Você está sentado e, de repente, aquele menino desponta na sua casa. Ele tem 12 anos e parece que foi criado em outro lugar, e você estava ali parado e agora não sabe o que fazer com ele. Essa estranheza na convivência é extremamente angustiante.

2

CUIDAR NA CIDADE TURBULENTA

Mais da metade da população brasileira vive em dez regiões metropolitanas. Um dos efeitos da hipertrofia das cidades é a demanda cada vez maior do tempo de deslocamento. Com isso, a proximidade física entre as pessoas da família rareou. A condição de morar perto de um parente, ter alguém próximo para deixar o filho, deu lugar ao desespero. Atualmente, uma parte dos pais e mães encontra dificuldade em criar os filhos porque não teve como aprender a fazê-lo. Nas gerações anteriores, como havia um convívio mais próximo, várias meninas e alguns meninos, aos 10, 12 anos, aprenderam a lidar com criança ajudando a tomar conta do primo, estando junto com as tias, com a avó. Mais tarde, ao se tornarem pais e mães, já tinham várias noções do que era cuidar de uma criança. As gerações anteriores foram beneficiadas por um ambiente pedagógico não formal, um espaço de aprendizagem que era a convivência familiar.

Hoje, a dinâmica das cidades alterou essas relações. Um exemplo: a minha família se mudou para São Paulo em 1967. Há meio século, meu pai, que era diretor de banco, trabalhava na avenida Paulista. A gente morava na avenida Angélica, próximo ao parque Buenos Aires. Meu pai saía do banco, na esquina da rua Itapeva, ao meio-dia. Pegava um ônibus na Paulista às 12h05. Dez minutos depois, ele estava no parque Buenos Aires. Meio-dia e meia sentávamos todos à mesa. Almoçávamos e jantávamos juntos todos os dias. Como não existia o micro-ondas, a comida tinha de ser esquentada uma única vez. Às 13h, terminávamos o almoço. Nessa meia hora, se falava de vida, de trabalho, da família, da escola, se dava risada, se levava bronca. E meu pai todo dia tomava o jornal, no sentido de lição, de mim e do meu irmão. Ao sair de casa pela manhã, ele dizia: "Quando eu chegar, vou tomar o jornal de vocês". Terminado o almoço, ele perguntava: "O que você leu hoje? O que está acontecendo na política?". Nós conversávamos até por volta de 13h20, tempo que servia para afeto e para a disciplina. De 13h20 a 13h40, ele dava uma cochilada no sofá. Despertava, tomava o ônibus e às 14h estava de volta ao banco. Nessa época, a cidade de São Paulo tinha 1,2 milhão de habitantes. Hoje são mais de 11 milhões. Para cumprir esse mesmo trajeto, gasta-se pelo menos uma hora. Esse deslocamento nas grandes cidades, em que são consumidas de duas a três horas no dia a dia, reduz a possibilidade de convivência. E, quando chega em casa, a pessoa está tão estafada pela perda de tempo no transporte, pelas disputas no local de trabalho, pelas demandas profissionais, que não tem mais paciência para lidar com os seus.

Quando muitos pais falam "eu não tenho tempo", não se pode desprezar essa condição. Para quem tem de sobreviver, não cabe a decisão: "Eu vou ficar em casa com meus filhos". A pessoa precisa botar comida dentro de casa. Nesse caso, não se trata da eleição do uso do tempo apenas. É necessário, porém, entender que cuidar de alguém implica abdicar de algumas coisas para poder ter um tempo com as crianças. "Mas eu não tenho tempo para tomar uma cervejinha com os amigos ou para bater uma bola no sábado à tarde." Não terá. "Mas eu não quis ter o filho." Bem, mas agora que teve, seja decente. Assuma a consequência do seu ato. "Mas eu preciso de um tempo de lazer." Agora você não pode. "Eu preciso ir à igreja." Está bem, vá com seus filhos.

Os pais precisam eleger qual é a prioridade. E eu sempre lembro que a palavra "prioridade" não tem "s" no final. Ela é sempre no singular. Se o casal tem filhos, fez a escolha. Então é preciso cuidar, e isso toma tempo, demanda reeleger a prioridade.

A prioridade não é aquela que exige abrir mão do tempo de trabalho; se a pessoa está lutando para sobreviver, isso é uma impossibilidade. Priorizar significa olhar as outras dimensões da vida e escolher de qual vai abdicar. Ficar dois, três, quatro anos sem tomar uma cervejinha com os amigos, sem bater uma bolinha, sem ir a um baile. Ora, não é à toa que cuidar de uma pessoa é uma dimensão muito marcante na vida de um ser humano.

Mesmo algumas pessoas com um pouco mais de estabilidade financeira costumam argumentar que não têm tempo, pois precisam ganhar a vida. Nesses casos, cabe questionar o que se entende por "ganhar a vida": estamos falando de ter o suficiente ou de excessos, de desperdícios, de valorização daquilo que não é essencial?

O pai ou a mãe alega não ter uma hora por dia para dedicar ao filho. E se o menino cair no mundo das drogas, quanto tempo será necessário dedicar para libertá-lo dessa condição? Por isso, a grande pergunta é "qual a sua prioridade?". Se a família for a prioridade, será preciso rediscutir as necessidades da vida material e reorganizar os modos de uso do tempo.

A propósito, existe uma expressão da qual eu gosto, que é "convivência qualitativa". Por menor que seja o período disponível para ficar junto, que seja um tempo qualitativo, aquele em que se tem a fruição eletiva da convivência. Há casais que, independentemente de terem crianças ou não, estão no mesmo lugar e estão separados. Não têm convivência, apenas vivem na mesma casa.

O pai ou a mãe alega não ter uma hora por dia para dedicar ao filho. E se o menino cair no mundo das drogas, quanto tempo será necessário dedicar para libertá-lo dessa condição? Por isso, a grande pergunta é "qual a sua prioridade?".

Se você só pode ficar uma hora por dia com a sua criança, então, esse período terá de ser planejado para essa convivência. "Mas eu não posso porque tenho de cozinhar à noite." Ótimo, então, envolva as suas crianças nessa atividade. Em vez de deixá-las no quarto, procure tornar aquele momento de cozinhar mais lúdico, em que elas possam participar lavando batata, pegando os ingredientes, arrumando a mesa.

Criança adora participar quando ela é entendida como importante. Muitos pais e mães desistem antes de começar. "Ah, ele não vai querer", "você acha que ele vai ficar aqui cozinhando comigo em vez de ver televisão?". Vai, se ela se sentir reconhecida e valorizada naquilo que está fazendo.

De todo modo, a rarefação do tempo não pode ser a única resposta para essa angústia que os pais vivenciam no dia a dia. Ela explica parte da diminuição da convivência, mas não é "a justificativa". Afinal, muitos de nós fomos criados por pais que viajavam o tempo todo. Se assim fosse, filhos de caminhoneiro, de militar, de vendedor, de piloto de avião seriam pessoas que nunca teriam esse apoio. O pai caminhoneiro que volta para casa a cada dez dias, o que faz nesse tempo? Ele convive. Alguns caminhoneiros põem o filho na boleia, o menino viaja uma semana com o pai. Aquilo que aparentemente seria uma situação precária é a maneira que o caminhoneiro encontra de poder estar com a família. Essa criatividade, aos poucos, veio sendo substituída por uma conformidade. "Eu não posso...", "não tenho condições...", "não consigo...". Insisto: se existe uma restrição de tempo e é preciso pôr comida dentro de casa, é necessário inventar outras maneiras de conviver. Ninguém trabalha direto sem conseguir dispor de um tempo qualitativo. Essa ideia precisa ser criada de algum modo, seja com a brincadeira, seja lendo para o filho um pouco à noite. Embora seja cansativo, é algo decisivo. "Ah, mas se eu for ler, acabo dormindo." Verdade. Mas não se preocupe: a criança vai tratar de acordar você.

O que não pode haver é a desistência de buscar uma solução, a conformidade de que não é possível encontrar uma saída. Isso é uma forma de fraqueza de espírito. Não fez o esforço que poderia ou deveria ter feito e considera que "as coisas são como são".

3

COMÉRCIO DE AFETOS TURBULENTOS?

Na tentativa de compensar o tempo que passam distantes, muitos pais e mães cobrem os filhos de presentes, estabelecendo uma economia das trocas simbólicas. Não estou usando a expressão "presente" por acaso. O modo como eu me apresento, o modo como eu quero que você se lembre de mim, é a minha lembrança.

O meu pai viajou a vida inteira. Ele ficava fora uma semana, às vezes dez dias, e nós aguardávamos que na volta ele trouxesse uma lembrança, que cumpria a função, primeiro, de amenizar a ausência e, segundo, de que aquilo nos fizesse lembrar dele em outro período fora de casa. Isso não era um comércio da relação. Era a maneira de tornar menos danosa aquela ausência pelo trabalho que ele tinha de desenvolver. Mas ele não nos enchia de presentes. A intenção era criar uma memória da convivência que fosse simples, porém marcante. Não significava que, quando ele chegava de viagem, nos pegasse pela mão e dissesse: "Vamos tomar um sorvete ou vamos comprar uma bola. Papai ficou fora e agora vamos comprar algo de que você goste". Não. A lógica era "eu trouxe para você de viagem, é uma lembrança". Não é dizer "porque eu estava fora, agora eu vou compensar essa ausência oferecendo algo que você queira muito", isto é, "não fique com raiva de mim". Essa é uma prática das religiosidades antigas dentro do politeísmo, isto é, o trabalho com oferendas. Como eu agrado a autoridade? Ofereço a ela algum bem. Tanto que a missa católica tem o ofertório, os cultos cristãos têm o dízimo ou a oferta, as comunidades de outras religiões monoteístas ou politeístas têm o momento da oferenda, em que o fiel precisa acalmar a ira do deus ou dos deuses porque dele se afastou. A novidade dos tempos atuais é que parte das crianças é entendida como essa divindade. Há uma espécie de divinização das crianças e dos jovens, como se fossem os senhores e as senhoras do reino.

Parte dessas relações decorre de uma mentalidade em que pais e mães se justificam perante si mesmos: "Já que eu me mato de trabalhar, já que vivo nessa correria, quero dar o melhor para o meu filho". Dar o melhor para um filho ou uma filha é a mais elevada intenção que se pode ter. Mas dar o melhor não significa dar qualquer coisa e sempre. Porque nem sempre dar o melhor é o melhor. O "dar o melhor" significa oferecer a ele as condições para que, primeiro, tenha reverência àquilo que tem, segundo, tenha senso de cuidado e, terceiro, não entenda que abundância é desperdício. Oferecer uma vida abundante é diferente de oferecer uma vida de desperdício. Uma família pode conviver numa vida simples em que há abundância. Vale pontuar que abundância não é o mesmo que excesso, mas ausência de carência. Eu tenho uma vida abundante quando não tenho carências intransponíveis. Tenho uma vida abundante quando aquilo de que eu preciso se encontra dentro das minhas possibilidades, do meu alcance.

Quando eu digo "quero que o meu filho tenha o melhor", às vezes o melhor para ele é aprender a abdicar de algumas coisas. Oferecer ao filho o melhor não é oferecer tudo o que ele deseja nem tudo o que ele pode ter naquele momento. É tudo aquilo que é bom que ele tenha. E é bom que ele tenha aquilo que não faz mal a ele. E o que faz mal a ele? O desperdício, a não reverência ao que foi obtido, o não reconhecimento ao esforço e, especialmente, a ausência de gratidão. Essa é uma ideia que está saindo do circuito da convivência familiar.

Parte das crianças e jovens não tem a percepção de que existe um esforço do mundo adulto para proporcionar o que está à volta deles. Sem esse reconhecimento, não há valorização. E a relação com aquilo que ganham passa a ser de fruir e descartar, de deixar jogado. Uma coisa é curtir o quarto do filho com marcas de descontração: games empilhados, um tênis virado, nada muito organizado. Mas, quando essa bagunça irreverente passa para o nível do descuido ou reflete até uma indiferença com os pertences, é sinal de que o esforço não é valorizado. Isso pode gerar problemas de personalidade no futuro.

Há outro aspecto nessa mercantilização dos afetos, que é a excessiva preocupação com o ter. Como se a posse de determinados objetos atribuísse valor às pessoas. A Sociologia chama de bem diferencial aquilo que destaca alguém em meio a um grupo. Portanto, não possuir algo é como carimbar o passaporte para a exclusão. Uma questão séria é o pai ou mãe pensar "se os amiguinhos têm e ele

> Parte das crianças e jovens não tem a percepção de que existe um esforço do mundo adulto para proporcionar o que está à volta deles. Sem esse reconhecimento, não há valorização. E a relação com aquilo que ganham passa a ser de fruir e descartar.

não tem, ele vai ficar chateado". O pai e a mãe precisam formar a criança para entender que as pessoas não têm as coisas só porque os outros têm. O fato de todos da escola ou do condomínio terem celular não significa que ele precise ter também. Pode ser que ele tenha outras coisas que as demais crianças não possuam. E daí?

Eu, Cortella, não dirijo, portanto, eu não levava os meus filhos à noite para a balada. Já o pai da amiguinha ou do amiguinho levava. Qual é a saída? Eu chorar? A criança espernear? Vários dos meus espernearam.

— Tá bom, eu vou fazer algumas ligações e ver se tem uma família que queira te acolher e você muda de pai. Não tem problema.

— Ah, não!

Eu não sou o pai que leva e busca da balada de carro. Em compensação, sou um pai que cozinha no domingo, e a gente senta, conta história e dá risada. Um pai que joga baralho, que senta junto para ouvir música.

Questão para refletir: meu filho pede um celular porque todos os coleguinhas têm. Dou ou não? E se eu não der e ele se sentir mal com a recusa? O ponto focal não é deixá-lo se sentir mal, mas formá-lo para que entenda que não será proprietário o tempo todo de todas as coisas. Se eu, que sou o responsável, achar que não é adequado ele ter, a resposta é não. A criança precisa compreender que existem limites na vida e que não se deve ultrapassar certas fronteiras para satisfazer todas as vontades. Se uma criança ficar traumatizada por não ser proprietária de alguma coisa, quando crescer, ela ficará condicionada a achar que os desejos são mais importantes que as limitações. Essa é uma lógica perigosa, que pode levar a atitudes danosas, como ser bandido, inclusive no sentido do colarinho branco. Afinal, se ele não pode ter e precisa ter de qualquer jeito, esse "qualquer jeito" que ele dará poderá levá-lo a condutas extremamente negativas.

É necessário comedimento na realização das vontades dos filhos. Quando o casal está no mesmo espaço, pode combinar previamente que um dê suporte e não desautorize a decisão tomada pelo outro.

Quando são pais separados e existe uma rusga entre eles, é preciso uma negociação mais intensa. Algumas partes argumentam: "Eu não vou usar o final de semana que tenho com eles para corrigi-los". Aí levam para passear, para tomar sorvete, deixam comer tudo o que pedirem, assistir à TV até a hora que bem entenderem, acordar à hora que quiserem. No final das contas, aquelas 40 horas de convivência foram utilizadas para compensar tudo aquilo que as crianças não fizeram no período anterior. São atitudes marcadas pelo exagero e por isso perigosas.

Eu não posso, ao me ver diante de situações tensas no final de semana com o meu filho, me omitir em nome do tempo que vou ficar com ele e também não posso colidir com quem o educa na maior parte do tempo. No mínimo, eu tenho de fazer o esforço de falar com quem está com ele no dia a dia para combinar alguns movimentos. Em casais em que é impossível esse consenso porque não há harmonia, isso tem de ser terceirizado. Isto é, é preciso fazer com que a combinação venha por intermédio do avô, da avó, de outra pessoa que faz a ponte para que a formação do filho se sobreponha ao confronto existente.

A parcela do tempo na convivência não pode ser mal usada. E, quando a criança nota que pode ser a "senhora do castelo", ela o será. Quando ela percebe que a maneira de ficar bem com o pai ou a mãe com quem ela convive de modo mais eventual é ser inundada de presentes, de materialidade, ela fará o que estiver ao alcance dela para obter o que quer. E essa não é uma atitude malévola da parte dela, é uma questão de inteligência. "Se eu quero as coisas e já descobri o mecanismo de obtê-las, vou continuar a usá-lo." Uma lógica é estabelecida a partir de então.

4

TURBULÊNCIA NA AUTOESTIMA!

Meu filho é o máximo! Será?

As relações entre pais e filhos são cheias de nuances. Alguns pais e mães demonstram grande veneração pelos filhos, os elogiam constantemente, postam seus feitos nas redes sociais, como se a legenda sempre fosse "meu filho é o máximo". No outro extremo, há pais que são implacáveis nas cobranças; se o filho foi bem numa atividade, a crítica é que poderia ter ido melhor. O elogio é raro, quase um acontecimento. É como se essa postura dura preparasse o filho para enfrentar as durezas do mundo.

Existe uma diferença entre ser firme e implacável. Certa parcimônia no elogio é bem-vinda para que ele não se transforme em exagero. O elogio habitual, que em muitos casos é um sistema compensatório pela ausência dos pais, pode ser também uma tentativa de acalmar a criança e o adolescente, isto é, fazer com que eles não fiquem irritados. Há um nível grande de complacência dos pais: "Ele é muito nervoso", "ela é agitada". Agora, a criança que faz escândalo se habituará a agir desse modo se os adultos se subordinarem àquela birra. Se a criança faz birra duas, três vezes, e aquilo dá resultado, ela vai continuar fazendo, o que é um sinal de inteligência da parte dela.

De fato, é preciso contribuir para que a criança cultive a autoestima. Mas o excesso de autoestima conduz a algo muito perigoso, que é a frustração quando se tem uma perda, uma queda, uma expectativa não atendida. Uma parte das famílias não está formando os jovens para a perda. Nós vivemos vários lutos na vida, que não são apenas de pessoas. Vivemos falecimentos no dia a dia que são as perdas também relacionadas ao afeto, às condições econômicas, aos postos nas hierarquias.

Uma parte das famílias não está formando os jovens para a perda. Nós vivemos vários lutos na vida, que não são apenas de pessoas. Vivemos falecimentos no dia a dia que são as perdas também relacionadas ao afeto, às condições econômicas, aos postos nas hierarquias.

Uma família não deve estimular a percepção do filho de que ele nasceu merecedor de uma série de créditos, portanto, a humanidade será dele devedora. Como se a natureza o distinguisse com benesses sem que ele tivesse de fazer algum esforço. Uma coisa é reconhecer que eu tenho o direito e a honra de ser merecedor daquilo que tenho. Outra é achar que só eu sou merecedor e que o mérito vem independentemente do nível de dedicação que eu tenha para obter aquilo, isto é, "porque eu sou vivo", "porque eu sou seu filho", "porque eu estou nesta família, então sou um apaniguado". Nesse sentido, há um risco de deformação da personalidade na suposição de que se é sujeito de direitos.

Quando eu acho que sou "o cara" e tudo o que acontece é minha propriedade de vida, é meu mérito, claro que esse é um comportamento perigoso.

Algumas gerações, entre elas a minha, na adolescência, queríamos agradar aos nossos pais. O retorno afetivo para a afirmação da autoestima vinha na relação com os pais, eventualmente com os professores e, vez ou outra, com alguém do círculo de amizades. Hoje, não. Até por conta das redes sociais, a intenção é querer agradar a um conjunto maior de pessoas. Se a pessoa não recebe o número de *likes* desejado em um *post*, isso soa como uma diminuição da personalidade, do merecimento, da presença dela no mundo. Há uma frustração muito forte. Se ela enviar sete mensagens quase simultâneas no WhatsApp e dois contatos não responderem imediatamente, aquilo produz uma sensação quase que de abandono, de isolamento.

A autoestima não pode conduzir à ideia de que "eu sou perfeito", expressão que significa "feito por completo". *Perfectum* é "concluído", "terminado". Eu não sou perfeito, sou perfectível. O ser humano, como costuma lembrar o historiador Leandro Karnal, é perfectível, isto é, quando não quero ser medíocre, eu me inclino para a perfeição, mas eu não sou perfeito. E essa autoestima exacerbada encaminha para esse território de que "eu não preciso fazer revisão de mim". De um lado, isso pode levar a uma acomodação e, de outro lado, a considerar demérito qualquer expectativa não correspondida ou perda, quando se trata apenas de uma decorrência do dia a dia.

Nas relações de modo geral, eu me guio por um princípio antigo, e bastante válido, que é "elogie em público e repreenda em particular". Há a necessidade, no entanto, de fazer a distinção entre o elogio que anima, que serve de estímulo, e o elogio como representação forjada, isto é, apenas para que o filho não perca o pique. Essa segunda modalidade — ainda que motivada pela intenção de não abalar a autoestima do filho — é deletéria. Porque é preciso que na relação com as pessoas haja transparência, clareza, e na qual se busque aliviar a dureza de algumas situações vividas no cotidiano. Nenhum e nenhuma de nós faz tudo certo o tempo todo de todos os modos. Nenhum pai faz, nenhum filho faz.

Com frequência, pais e mães têm temido indicar defeitos no filho ou na filha. Os adolescentes em especial, em tempos de maior distanciamento de gerações, de rarefação do tempo de convivência, são grandes juízes dos seus pais. Mas são raramente acolhedores de uma observação que os faça repensar o que estão fazendo. A frase que alguns filhos mais usam hoje é "eu sou assim". Como se essa fosse uma situação definitiva e, assim sendo, os outros nada tivessem com isso.

E os pais, por sua vez, demonstram certa conformidade. "O que eu posso fazer? Eles são assim." Essa perspectiva é muito negativa, porque pode redundar nessa situação de confronto, em que o pai ou a mãe é implacável em alguma avaliação que tenha de fazer do filho, que não abre a possibilidade de uma abordagem mais afetiva. Em muitos casos, a relação dos pais com o filho é tão subserviente que, ao encontrarem uma oportunidade para "dar o troco", isto é, devolver a ação truculenta, eles o fazem. Como não é pela agressão física — embora alguns o façam e não devam fazê-lo —, é pela violência simbólica. "Você, filho, filha, que de mim tanto cobra, agora eu serei implacável na minha observação."

Existem também pais e mães que são extremamente econômicos no elogio aos filhos, pois têm a convicção de que vão formar um guerreiro, um combatente, portanto, qualquer afago seria uma porta para a fraqueza, um gesto de frouxidão diante das exigências do mundo. Essas dimensões, próximas do exagero, não são contributivas na formação.

Uma coisa que fiz com os meus filhos e que meus pais fizeram comigo — o que não significa que eles foram sempre certos, nem eu o fui — é que, quando eu chegava com trabalho escolar, com alguma nota, eles acolhiam aquilo, reconheciam a importância, mas não deixavam de dizer: "Olha, você é capaz de fazer melhor".

E "melhor" não é uma gradação. Gradação é "ótimo", "bom", "regular" e "ruim". Gradação é de zero a dez. Fazer melhor é uma atitude. Por isso, quando você forma uma criança ou um jovem para que ele faça sempre melhor, isso significa reconhecer a existência de uma métrica estabelecida pelas instituições (a escola, o local de trabalho ou o esporte), mas ter em mente que essa métrica não anula a atitude de buscar melhorar. O fato de tirar nota 8, que é mais do que suficiente para passar, não significa que o pai vá se conformar com essa ideia. Deverá elogiar, abraçar, claro, e dizer "você consegue fazer melhor". E para fazer melhor "você pode fazer isso, isso e isso".

Porque não é apenas uma atitude profética no campo da denúncia. É preciso fazer o anúncio. Alguns pais e mães gostam de fazer apenas o profetismo da denúncia.

O profetismo, como organização histórica no mundo religioso, exigia os dois polos. O profeta não apenas denunciava a injustiça, a injúria, a miséria humana, mas anunciava caminhos também. Cabe a quem educa indicar os caminhos para a melhoria, para a superação, bem como os caminhos para evitar reveses e dissabores. E não apenas fazer advertência ameaçadora:

— Eu tô te avisando.

— Tá me avisando o quê?

— De que isso pode dar errado.

Avisar sobre os riscos é tarefa de alguém que é responsável. Mas o passo seguinte é "e para não dar errado, você deve fazer isso e isso e evitar isso e isso...".

5

OCUPAÇÕES E DESOCUPAÇÕES TURBULENTAS

Existe uma ideia de que a proteção do filho implica a aceitação de qualquer coisa que ele faça. A expressão "não mexam com o meu filho" é muito perigosa. Isto é, ela tem de ser colocada como "não machuquem", "não ofendam", "não perturbem" porque "isso também é comigo". Mas "não mexam com o meu filho", no sentido de vetar qualquer tipo de crítica, de observação, de admoestação, é uma postura extremamente negativa. No ambiente escolar, existem diversos casos de pais ou mães que vão tirar satisfação porque o filho foi advertido, porque levou uma reprimenda, ou porque foi retirado de uma atividade por mau comportamento. É claro que pais e mães podem interferir no processo pedagógico para reparar eventuais incompreensões da comunidade docente. Mas, em muitas ocasiões, as interferências se dão no sentido de que o filho seria alguém intocável, acima de qualquer circunstância. Essa ideia é danosa porque forma na criança a percepção de impunidade, afinal, os pais estão incondicionalmente do lado dela. Em muitas situações isso não é amor, mas uma demonstração de soberba. "Com os meus ninguém mexe." Não tem a ver com o certo e com o errado, mas com um código de honra pelo qual alguns pais e mães entendem os membros daquela família como inatingíveis e intocáveis.

Algumas circunstâncias na vida promovem o convívio de pais e filhos em situações que não são estritamente familiares. A filha que estuda na turma em que a mãe é professora. O filho que está no time em que o pai é o treinador. A filha que começa a trabalhar na empresa da família.

Pais e mães podem se encontrar em situações nas quais detêm a autoridade sobre um grupo de pessoas do qual os próprios filhos fazem parte. Para afastar qualquer ideia de favorecimento, de nepotismo, muitos pais e mães cobram exageradamente um bom desempenho dos filhos.

Ninguém escapa da subjetividade numa relação em que haja algum dos seus envolvido. Um professor ou uma professora que tenha em sala de aula um de seus filhos, para evitar qualquer tipo de aleivosia, de falatório, pode reagir de maneira exagerada. "Você precisa fazer mais do que todos porque você é meu filho." A frase deveria ser "você precisa fazer mais porque você é capaz de fazer mais", e não porque o outro também faz. Essa mecânica produz alguns danos na criança, na medida em que ela é comparada a outro jogador do time ou a outro músico da banda, a outro aluno que tirou notas mais altas. Essa forma comparativa vale muito para o mercado, mas não deve pautar as relações afetivas. Em muitos casos, essa implacabilidade do pai na cobrança ao filho reflete uma postura de soberba, isto é, "meu filho é parte de mim, eu seria o melhor se ali estivesse, ele o será". O filho fica com a atribuição de realizar a expectativa do pai. Mas nem sempre é a expectativa da criança.

Ora, uma das maneiras que pais e mães encontram para cuidar dos filhos é mantê-los a maior parte do tempo cheios de atividades. Muitas crianças têm agenda repleta de atividades para preencher o tempo em que os pais passam trabalhando.

Há uma diferença entre uma criança ocupada de modo contínuo porque aquelas atividades contribuem para a boa formação dela e outra que é mantida ocupada porque, se houver um tempo livre, o adulto não saberá o que fazer com ela.

A terceirização é movida por necessidade de cuidado e proteção ou porque não se quer usar parte do tempo para lidar com a criança? A ideia da terceirização em si não é negativa. Afinal, nós almoçamos fora. Eu não tenho vaca

Há uma diferença entre uma criança ocupada de modo contínuo porque aquelas atividades contribuem para a boa formação dela e outra que é mantida ocupada porque, se houver um tempo livre, o adulto não saberá o que fazer com ela.

em casa, então compro leite já retirado. Ocupar a criança de modo contínuo pode ter como motivação a possibilidade de ela ficar protegida. Nesse caso, a terceirização é um mecanismo de cuidado.

Há escolas de educação infantil com atendimento de 12 horas (e precisam tê-lo). Há crianças que vão ficar sem os pais das 7h às 19h. Estar numa escola, que tem outras crianças, comida, espaço para lazer, atividades variadas, é maravilhoso. Mas não o é se o pai e a mãe deixam lá porque não querem estar com a criança ou porque não querem que ela fique sem algum tipo de assistência. Em espanhol, existe a expressão *guardería*, largamente usada na Argentina, que significa "creche". Muitos pais procuram *guarderías* variadas, no sentido de encontrar lugares onde a criança é deixada e alguém toma conta.

Costumo sempre lembrar que a função da escola é a escolarização: o ensino, a socialização, a construção de cidadania, a experiência científica e a responsabilidade social. Mas é a família que faz a educação. A escolarização é apenas uma parte do processo de educar, não a sua totalidade. Já existem *personal trainer*, *personal stylist*. Agora querem *personal father*, *personal mother*?

Se o motivo da terceirização é não querer usar o meu tempo para estar com a criança, voltamos à questão da prioridade. Não existe pessoa que não tenha possibilidade de ter alguma convivência, que, quando acontece, seja de 20 minutos, meia hora, tem de ser prazerosa, no sentido de intensidade.

Outro aspecto que merece atenção nesse contexto é que parte das crianças hoje não tem tédio, porque não tem desocupação. Fica o tempo todo tão envolvida nas redes sociais, com estímulos incessantes, que se torna menos capaz de pensar-se. Não é casual que algumas famílias estejam retomando a cadeira do pensamento, aquele lugarzinho do "senta e pensa". Aquilo que em outros tempos para algumas famílias era o quarto escuro: "Vá para o seu quarto, apague a luz até você pensar direito". Era para termos tirado só o escuro, mas nós tiramos o quarto também, isto é, o canto da reflexão. Eu conheço várias famílias, inclusive filhos meus, que estão educando os filhos deles com essa ideia de "senta e pensa". Há dois intuitos principais de fazê-los pensar: primeiro, sinalizar que atos têm consequências e, segundo, interromper essa comunicação contínua e impulsiva que impede a reflexão. Não é trancar a porta do quarto nem deixar a luz apagada. Não é colocar a criança de 8 anos para meditar. O objetivo de criar essa pausa é cessar essa avalanche de estímulo contínuo, de maneira que a criança se acalme e possa trabalhar a percepção do que está acontecendo com ela.

Nem sempre é fácil, ainda mais quando se está em um ambiente com mais pessoas. Há crianças que esperneiam, se atiram no chão. Há pais e mães que fingem que nada está acontecendo. Isso é uma ofensa à comunidade. Existem outros que se dirigem à criança num tom de súplica: "Filhinho, por favor, não faz isso...". Ora, a atitude é tirar a criança do ambiente para não perturbar os que estão à volta e dizer: "Você não vai fazer isso". Se estiver fora de casa e tiver condições de ir para casa, vá. Mas cuidado: conforme mencionado, há crianças que toda vez que fazem birra, os pais as levam embora do local. Elas aprendem com facilidade que existe um mecanismo, quase automático, que as retira dali sempre que quiserem ir para casa. Fazem birra, os pais levam para casa.

Isso cria uma lógica de causa e efeito.

6

A TURBULÊNCIA DO "TUDO JÁ, AGORA, AO MESMO TEMPO, JUNTO"...

Tem-se observado com mais frequência o quão difícil é manter a criança dedicada a uma só atividade. Ela começa a fazer alguma coisa e logo parte para outra, nada a entretém por muito tempo. Ela se interessa e se desinteressa de uma atividade quase que de modo instantâneo.

Há uma geração, atualmente com 9, 10 anos, que vive de modo hipertextual. O estímulo contínuo faz com que não haja serenidade nas escolhas. É como ter o controle remoto diante da TV a cabo em que você não assiste a nada por inteiro. Essa simultaneidade de vivências pode ser boa quando permite um acompanhamento mais amplo daquilo que está acontecendo, mas é malévola quando é sinal de volubilidade. Volúvel é a pessoa que muda conforme o vento.

É bastante perceptível nesse comportamento uma inconstância de desejo, que tem de ser reposto por outro em escala sucessiva. "Eu quero essa calça, mas quero essa outra e essa outra também." Como a satisfação ou a alegria com o que foi obtido não persiste por um tempo mais extenso, emerge uma necessidade de substituição, de reposição, e, portanto, o desejo é marcado por um prazo de validade muito curto. Mais do que imediato, o desejo é também muito obsolescente.

Logicamente, esse estado provoca agitação. Tanto que uma das características desta geração é falar em altos decibéis. Por que falam alto? Porque se diminuiu muito a convivência no espaço de casa. É a convivência que diminui o volume da voz. Se o garoto está na sala e tem gente na cozinha ou no quarto: "Menino, fala mais baixo". Agora, nos espaços abertos, como o pátio da escola, o *shopping*, a rua, o tom de voz se eleva. Quando a criança chega à escola, ela começa a falar muito alto. No apartamento é preciso compatibilizar as sonoridades, pois um está ouvindo música, o outro está escrevendo no computador.

Mesmo assim, parte dos jovens hoje não consegue harmonizar essa estrutura de voz. Porque eles vivem em espaço aberto ou sozinhos, entocados com fone de ouvido, que hoje voltou a ser grande, porque é uma expressão simbólica de tentativa de isolamento. Olha que coisa ambígua: o mesmo adolescente que vive em bando, em cardume, que tem de estar na tribo, é o mesmo que quando vai para casa quer absoluto isolamento.

— Onde está teu filho?

— Tá fechado no quarto.

— E onde fica quando está na rua?

— Não sei, por aí.

O "por aí" deve ser um local lotado de adolescentes. O "por aí" é em bando. Em casa, é fechado na toca. Com a família é completo isolamento. Com o grupo é o movimento contínuo.

Esse nomadismo exagerado tem um reflexo que é o fato de o território da família, que é a casa, deixar de ser um espaço de convivência, é um espaço apenas de vivência. "É lá que eu durmo", "é lá que eu tomo banho", "é lá que eu como quando tenho fome". Mas não come na mesma mesa e na mesma hora que o outro, não vê o outro, então, não é convivência. Se não o é, o adulto responsável precisa organizar aquele espaço para que seja de convivência. Isso demanda criar situações que possibilitem as pessoas estarem juntas. Os jovens adoram ensinar coisas. Como eles têm mais familiaridade com coisas digitais, peça a ele que ensine você a usar um aplicativo, a editar um vídeo de um jeito diferente. Qualquer situação que dê a ele importância. Não pode ser uma necessidade falsificada, um pedido retórico. Ele se mostrará solícito.

O modo de aproximação com a criança e com o jovem define o tipo de resposta que você vai ter. A questão central é a forma de abordagem. Você chega a ele como um corretor ou como um educador? Você o aborda como um fiscal ou como um responsável? A maneira da aproximação é decisiva para que a criança acate ou não a ideia de ter tarefas, como arrumar o quarto ou partilhar dos cuidados da casa.

É preciso evitar as mensagens ambíguas. A coisa mais perigosa em educação é a ambiguidade. Pais e mães usam de modo recorrente uma frase absolutamente vazia, porque ambígua, que é "se você fizer isso, você vai ver". Nos tempos atuais, como não há um conhecimento das pessoas pela rarefação da convivência, a criança pode falar: "Vou ver o quê?". E aí vai ter de dizer: "Você vai ver". E

> O modo de aproximação com a criança e com o jovem define o tipo de resposta que você vai ter. A questão central é a forma de abordagem. Você chega a ele como um corretor ou como um educador? Você o aborda como um fiscal ou como um responsável?

aí ela faz o que quer que seja só para ver. Antes de dizer a frase, é necessário ter clareza da medida que será tomada, porque, do contrário, a autoridade fica liquidada naquela circunstância.

Outro equívoco é se dirigir à criança com voz de súplica. Ela entende na hora que existe ali uma fragilidade. "Filhinho, não faz isso, por favor. Papai não pode..." Esse tom de súplica desautoriza imediatamente o exercício da autoridade. O corpo fala, a maneira como a voz se projeta é decisiva. É preciso treinar a voz, prestar atenção se você não está usando com a criança ou com o jovem um tom de súplica. "Não faz isso, mamãe trabalha tanto…" é sempre uma súplica subserviente, como se estivesse atada ao pé da criança. Isso retira qualquer energia necessária à afirmação da autoridade. Convém lembrar que a autoridade tem dentro dela não a brutalidade, mas a assertividade.

— E se eu não fizer o que você está me pedindo?

— Eu vou tirar seu celular. Vou desmarcar alguns passeios.

— Você vai me trancar dentro de casa?

— Se necessário, sim.

— Vai me amarrar?

— Não.

É necessário deixar claro que não existem intenções de violência e de brutalidade envolvidas, mas que aquela fala carrega uma condição de autoridade. A submissão a desejos e caprichos é extremamente negativa para formar uma personalidade que seja decente na convivência.

7

A TURBULÊNCIA DAS RAZÕES E DOS SENÕES

Uma parte das atividades que precisamos realizar no dia a dia tem um elemento enfadonho, porque exige uma rotina, uma metodologia. Mas o enfado faz parte da construção de processos e de objetos. É diferente de ser robótico, em que se está numa atividade meramente repetitiva. Uma aula não tem de ser emocionante o tempo todo, ela precisa ter a capacidade de atrair a atenção. Como professor de Filosofia, eu às vezes começava as minhas aulas dizendo: "Aqui é um lugar para você se sentir mal. Se você quiser se sentir bem, vá ao parque de diversões". E, nesse caso, o que é se sentir mal? É ficar perturbado com algumas questões, seja por conhecimento, seja por ignorância. Aquele é um ambiente em que o prazer é de outra natureza. No caso de uma aula, de um processo de formação, o prazer está no objetivo, e não necessariamente no caminho que se faz.

Eu imagino que um alpinista tenha prazer em chegar ao topo da montanha. Mas alguém, em sã consciência, não necessariamente ficaria feliz em enfrentar uma nevasca, em tiritar os dentes, em comer apenas barrinhas. Assim como suponho que um astronauta não deva ficar feliz em estar enclausurado numa cápsula, mas sim com o resultado da missão.

Por isso, é um exercício importante para o jovem, ao encarar um momento mais entediante, olhar a projeção.

"O que eu desejo?" "Aonde eu vou chegar?" O enfado vem, em grande medida, quando a pessoa não está conectada com aquilo que está fazendo. Em cursinho pré-vestibular, por exemplo, o professor não precisa pedir silêncio em sala de aula. Se alguém numa sala com 200 alunos faz algum ruído, os próprios colegas o repreendem. O pessoal passa a noite estudando coisas como as fases geológicas do planeta, os nomes de todos os ossos do corpo humano etc. É algo enfadonho, mas necessário para se chegar ao objetivo, que é entrar na universidade. Em situações assim, acontece uma mobilização interna, que é justamente o que distingue motivação e estímulo, tema que abordo no livro *Por que fazemos o que fazemos?* (Planeta). Basicamente, motivação é uma atitude interna, quando a razão para fazer algo tem origem na própria pessoa. O estímulo é externo, vem de outra pessoa. O outro pode me estimular a fazer algo que eu já esteja motivado e, com isso, eu ganho ainda mais força naquilo que busco. Qual é o meu motivo, o que faz com que eu me movimente? Quando o motivo é forte, não há tanto enfado porque a motivação não depende tanto do estímulo. Eu não preciso ser estimulado para algumas atividades, pois tenho motivação suficiente. De modo contrário, de nada adiantará o estímulo de outras pessoas se eu não tiver motivação interna para realizar determinada ação.

É possível que um adolescente ou uma criança na escola não tenha essa percepção. Ele está ali porque mandaram. Mas, se a família o ajudar a refletir sobre por que está fazendo as coisas, se conversar com ele sobre aquele contexto, ele terá uma clareza maior do propósito daquela situação.

De maneira mais generalizada, os jovens demonstram uma atitude de enfado, como se tudo fosse meio óbvio. Os pais fazem um esforço danado para proporcionar uma viagem inesquecível ao filho. Na volta, perguntam como foi e a resposta do menino é "ah, normal", com um ar entediado. É como se houvesse a obrigação de mantê-lo num estado de motivação contínua. Acho estranho um menino chegar para o pai ou para a mãe reclamando: "Não tem nada pra fazer". Ora, vá arrumar o que fazer. Alguns pais chamam para si essa responsabilidade: "Ele está aborrecido porque não tem o que fazer". Não é o pai ou a mãe que têm de arrumar alguma coisa para ele fazer, tal como um animador recreativo. Boa parte da diversão advém da capacidade de a própria pessoa encontrar algo que a encante, que a entretenha, que lhe agrade. Essa busca já é parte da diversão.

Parte dessa falta do que fazer decorre da desocupação do jovem, que já não estuda tanto. Sem querer ser nostálgico, mas até os 12 anos eu não imaginava que não se estudava aos sábados. Estudei em escola pública e até essa idade estudei aos sábados. Nos demais dias da semana, à tarde eu tinha de estudar, de fazer as tarefas. Parte desta geração atual não tem tarefas, nem domésticas. O menino é desobrigado de cuidar do quarto dele, de ajudar na manutenção da casa. "Pai, a lâmpada do meu quarto queimou", "mãe, acabou o papel higiênico no banheiro." Isso dito por um menino de 15 anos faz com que a relação com os pais se pareça com as de um gerente de hotel que tem de tomar providência para agradar ao hóspede. O pai e a mãe viram uma espécie de despachante de comodidades no dia a dia. Eu acho ofensivo que pais e mães se admitam como prestadores de serviço apenas. Deem-se ao respeito. "O meu filho não me respeita." Dê-se ao respeito. Ou a família é uma comunidade de vida, que gere a partilha de necessidades e provimentos, de tarefas e benefícios, ou é mais um local de origem de uma geração enfraquecida que poderá se acovardar quando tiver de enfrentar as exigências do mundo.

Uma parcela desta geração é reativa, reage aos estímulos contínuos. Não é proativa, isto é, capaz de criar, de construir, de vislumbrar possibilidades. É preciso cultivar o sentido de proatividade na criança e no jovem. Um dos caminhos é pelo estímulo a um tempo de dedicação silenciosa a uma atividade. Pode ser com a leitura, criando histórias com carrinhos, com bonecas, construindo objetos, desenhando. Mexer com a imaginação é fundamental. Primeiro, para não ficar muito tempo diante de telas, cuja luminosidade ativa a produção de cortisol, hormônio que nos deixa alertas. Segundo, para ser capaz de dar um mergulho interno, em vez de ficar o tempo todo recebendo estimulação externa. Esse contato consigo mesmo é decisivo para formar inteligências capazes de criar e não apenas de responder instantaneamente a um estímulo. Os jovens que têm destaque no trabalho, na comunidade, na escola são proativos. São aqueles capazes não apenas de absorver, mas de criar, de dar um passo adiante.

> Uma parcela desta geração é reativa, reage aos estímulos contínuos. Não é proativa, isto é, capaz de criar, de construir, de vislumbrar possibilidades. É preciso cultivar o sentido de proatividade na criança e no jovem.

Muitos filhos hoje acabam sendo muito mais repetidores daquilo que está à sua volta do que proponentes de uma nova situação.

8

CONDUTAS TURBULENTAS, ESPAÇOS PERIGOSOS

Nas últimas três, quatro décadas, as transformações das cidades alteraram a relação entre as pessoas e o espaço público, com desdobramentos que afetam crianças e jovens. Nesses 30, 40 anos, em função de questões de segurança, nós fomos aos poucos tirando a rua como lugar de formação.

Aquela imagem antiga, e até gostosa, da mãe colocando a cabeça para fora da janela — "Vem para casa, menino! Tá na hora da janta" ou "Entra, tá na hora do banho" — tinha a suposição de que a rua não era um espaço interditado. A nossa noção de casa era um pouco mais ampliada. A nossa casa era a nossa casa, e o nosso quintal era o nosso quintal e a rua. A rua estava numa cidade que a gente cruzava, transitava por ela. Cabe ressalvar que, quando eu falo do passado, não é para a ele retornar, mas para não perder aquilo que tem valor na convivência humana.

O nosso encarceramento no território privado levou a dois movimentos. As crianças deixaram de vivenciar a cidade como espaço coletivo e a saída de casa passou a ser vista como sinônimo de consumo. A criança não sai de casa para brincar, para visitar parentes ou amigos, para fruir a própria cidade. Ela sai de casa para comprar. É mais ou menos o modo antigo daquele cidadão que morava isolado, na roça, e ia à cidade aos sábados para fazer compras. Era o momento em que ele se deslocava porque a cidade era um centro comercial. Aliás, a origem do renascimento urbano é exatamente esse. As concentrações de negócios como catalisadoras de pessoas, dispersas em outras localidades. Nós estamos reinventando isso com o *shopping*, um lugar artificializado. O que era a cidade se transformou no *shopping*. "No meu momento de lazer, eu vou ao cinema, ao *shopping*", "eu vou comer na praça de alimentação", "no Natal, as crianças brincam na instalação feita pelo *shopping*, onde está o Papai Noel." Nas cidades, de maneira geral, foi-se reduzindo o que seria o espaço urbano ao espaço dos *shoppings*, que têm seu espaço de compra, lazer e entretenimento. A vida na cidade se constrangeu a esse espaço, que passou a ser a representação do território

As crianças deixaram de vivenciar a cidade como espaço coletivo e a saída de casa passou a ser vista como sinônimo de consumo. A criança não sai de casa para brincar, para visitar parentes ou amigos, para fruir a própria cidade. Ela sai de casa para comprar.

urbano extenso. Por isso, dá para fazer um rolezinho no *shopping*, e não na rua.

Outro impacto causado por esse quadro se deu na educação escolar. Porque há cada vez mais uma demanda para que se estenda o período de permanência das crianças dentro do equipamento escolar. A intenção não é que elas fiquem mais tempo na escola, mas que fiquem menos tempo na rua e, dessa forma, possam ser cuidadas, vigiadas. Não é um projeto pedagógico em todos os lugares, é muito mais uma medida de contenção de natureza policial e de serviço social do que de fato uma convicção de cunho educacional.

Essa retirada da convivência com a cidade faz com que a ideia de espaço coletivo, espaço público, vá perdendo o seu sentido original. Isso favorece uma atitude de ausência de zeladoria ou mesmo de descaso com a coisa pública.

Por que nos encanta hoje que em algumas cidades algumas ruas sejam fechadas para o lazer? Essa é uma lógica muito curiosa. Fecham-se faixas em avenidas à beira da praia no Rio de Janeiro, o Minhocão, em São Paulo, que é o símbolo do horror na projeção urbana na cidade, e esses espaços servem para as pessoas caminharem, andarem de bicicleta. Em várias cidades do mundo e aqui também, são ventiladas propostas de transformar viadutos em jardins.

Esse tipo de grito, de angústia, que é fechar uma avenida para brincar no asfalto, não é porque é uma avenida, mas porque é um espaço. Se é um espaço e todo mundo se concentra naquela faixa, a sensação é de podermos ficar mais protegidos e de fato interagir com a cidade. Aquela caminhada antes realizada na praça agora se dá na avenida. Por outro lado, há locais no Brasil em que as praças aos domingos estão sendo ocupadas por famílias. A lógica do "não pise na grama", pouco a pouco, vem sendo substituída pela ideia de poder fazê-lo. O que não se permite é que ali entre qualquer veículo. Eu vejo pessoas no parque Buenos Aires, em São Paulo, fazendo festas de aniversário perto das árvores. Isso é um grito de socorro, mas é também sinal de uma recusa de que temos de nos conformar.

Atos assim reforçam a ideia de coletividade. A noção de que o público a ninguém pertence é absolutamente equivocada. O público não é aquilo que não é de ninguém. Público é aquilo que é de todos. A escola pública, o espaço público, a cidade carregam a ideia de que todos são donos. Sendo donos, todos têm de cuidar. A nossa capacidade de zelar tem de ser colocada em prática. Zelo, até no sentido em latim, no espanhol, como ciúme. Não ciúme como sentimento negativo, doentio, mas no sentido de "eu cuido do que é meu". Esse cenário em que há um fechamento nos condomínios, nos prédios, nos conjuntos habitacionais leva ao descuido com o espaço mais amplo, que é aquele fora do meu território cercado. A cidade vira mero local de passagem.

Há quase 50 anos nos referíamos ao centro da cidade como "cidade". Em São Paulo, cidade onde eu moro, expressões como "vou à Xavier de Toledo", "vou à Praça da Sé", "vou ao Viaduto do Chá" eram equivalentes a dizer "vou à cidade", que é próxima à ideia de *downtown* em idioma britânico. Hoje São Paulo não tem mais centro. São muitos centros. Os centros se diversificaram e a cidade se desconcentrou. Aquela efervescência central se dispersou, a tal ponto que se fala muito hoje em revitalizar o centro. Pois bem, quando eu dizia "vou à cidade", significava que eu ia à área de negócios, de comércio, das grandes lojas de departamentos, às sedes das empresas públicas. À medida que nós estendemos essa fronteira da cidade, porque nos concentramos dentro das unidades locais, o condomínio, o bairro exclusivo, a rua fechada, o conjunto habitacional, perdemos essa lógica de ter uma relação com aquilo que é fora do condomínio como a continuidade do lugar onde vivemos. É outro lugar. Saímos de casa hoje para comprar. Nesse sentido, a relação com a cidade é comercial. Se é uma relação de natureza mercantil, não tem afeto; o que tem é aquisição.

A cidade de São Paulo, como outras, já teve ideias como "adote uma praça", "adote uma rua". Fica difícil dizer isso hoje para uma criança ou para um jovem que cresce. Para ele, o espaço da rua é apenas um trajeto pelo qual ele vai passar. É um lugar de passagem, não é um lugar de presença. Hoje, fora da minha casa, do meu condomínio, o resto é trânsito. Não é o lugar onde eu fico. E a lógica é que, se eu não fico, eu não cuido.

Um dos casos mais admiráveis para mim é o da orla em Santos. Enquanto a cidade tinha uma orla sem cuidado, sem um jardim, a presença naquele local era marcada por pessoas que iam à praia e largavam latinhas, copinhos, restos de comida. Quando uma série de medidas é colocada em prática, o local passa a ser de convivência, e não mais de presença eventual, e o cidadão passa a ver aquele espaço como um lugar a ser cuidado, não só pela autoridade pública, como pelos frequentadores. Santos foi uma das cidades pioneiras em não permitir dejetos de animais no calçadão. Se num primeiro momento pareceu estranho a crianças, jovens e adultos ter de recolher o cocô do cachorro durante o passeio, hoje a cidade desfruta uma orla que tem o maior jardim horizontal do mundo e é bastante limpa.

Em São Paulo, na região da avenida Paulista, se alguém não recolher os dejetos do cachorro, imediatamente duas ou três pessoas vão questionar: "Ei, você não vai pegar a sujeira do seu cachorro?", sem que a autoridade pública precise intervir. Em outros tempos não seria assim. Há 30 ou 40 anos não se levaria o cachorro para a rua, porque havia terra em casa para as necessidades dos animais.

Na estrada, por exemplo, se supunha que não haveria problema algum em jogar uma lata ou uma ponta de cigarro pela janela do carro. Hoje nem tanto. Como você educa um jovem em relação a isso? De quem é a estrada?

Os adultos devem levar em conta que a forma de aprendizado para a criança, especialmente até os 9 anos, não é argumentativa, é exemplar.

A argumentação é pouco eficaz, porque pressupõe um nível de racionalidade e de adensamento de conceitos ainda incipientes nessa faixa etária. A incorporação de condutas morais e de convivência tem a ver com o aprendizado de vivência. Uma criança até 10, 12 anos não tem tanta vivência. Pode até haver quem fale: "Poxa, mas 12 anos de idade?". Há que se considerar que desses 12 anos, em pelo menos cinco ela não tinha clareza nem de si mesma. Como nós, humanos, temos amnésia de primeira infância, até 5 anos não lembramos quase nada da nossa identidade. Um menino de 12 anos, na fase em que sai da infância para a adolescência, tem cerca de seis anos de adensamento de conhecimento. O nível argumentativo, portanto, é muito reduzido. Se você diz para uma criança: "Não jogue lixo, essa é uma cidade em que vivemos todos juntos, se todo mundo jogar um lixo...", equivale a pregar no deserto.

De novo: a única maneira eficaz de formação é a exemplar, porque fortalece a convicção interna da criança de que fazer aquilo é equivocado, porque "meu pai e minha mãe não fazem e não querem que eu faça".

9

TUDO TEM LIMITE! ENFRENTAR A TURBULÊNCIA!

É preciso que pais e mães, antes de mais nada, não pratiquem aquilo que é indevido na convivência. A segunda coisa é a repressão, amorosa, mas firme, a esse tipo de ato. Se a criança descarta um papel na rua, é preciso dizer:

— Pegue, por favor, e jogue no lixo.

— Ah, mas todo mundo faz.

— Pois bem, mas nesta família não se faz.

O "nesta família" bloqueia o argumento de "ah, mas todo mundo faz". Nesta família não se faz. Esse princípio, como a criança tem um senso de pertencimento à família — seja como for a família, com pai e mãe, só com um dos pais biológicos —, ela entende que não é só laço sanguíneo, é também convivência.

Essa fala "nesta família não se faz isto" tem muita validade. Certa vez, estávamos em família, um grupo de adultos, e uma criança não parava de intervir, atrapalhando a conversa, ficava puxando os pais pelo braço, "pai, pai, mãe, mãe...". Aí eu falei: "Nesta família, criança pede licença para falar". A criança tem um recuo, porque o "nesta família" carrega um código de território.

— Vou comer a sobremesa.

— Nesta família, as pessoas esperam as outras terminarem e todas comem a sobremesa juntas.

A expressão "nesta família" não quer dizer que "esta família é boa e o resto é o resto". Não. A finalidade é criar um sentido de que nesta família não se pega o que não lhe pertence, não se ouve música ou assiste à TV num volume que atrapalhe outras pessoas. O "nesta família" não é um argumento de exclusividade, é um argumento de identidade.

Eu posso dizer que "nesta família não se faz isso". E uma parte dos pais se equivoca quando vai educar uma criança de 6, 7 anos e ela não obedece. É provável que esses pais e mães estejam num nível argumentativo sequencial.

Outro equívoco frequente é tomar uma decisão com base em critérios que a criança ainda não entende. Uma criança até 6 anos não tem noção de fluxo de tempo. A palavra "sábado", para ela, é completamente abstrata. Eu não posso, na segunda-feira, dizer a ela "sábado você não vai ao cinema". Mas eu já posso dizer "quando você acordar", porque ainda na primeira infância, a criança tem noção de dia e noite, de acordada e dormindo, mas "sábado", "fevereiro", isso tudo é abstrato.

A família, por ser ponto inicial de formação de alguém, de socialização de um ser humano — seja a família nos vários modos como ela pode ser —, é uma unidade de afeto, de território, de convivência.

O que pais e mães devem levar em consideração é que não é possível debater todas as coisas o tempo todo ou fazer reunião para tomar toda e qualquer decisão. Uma família não é uma instituição democrática, é uma instituição participativa. A organização democrática tem o pressuposto da igualdade de direitos e, portanto, também da igualdade de responsabilidades. Numa família, a responsabilidade dos adultos sobre aqueles que educam não é idêntica. Todos são iguais em termos de dignidade numa família, mas não têm as mesmas responsabilidades. O mesmo princípio se aplica na sala de aula. Eu sou igual aos meus alunos no sentido de dignidade, de respeito. Mas eu não sou igual naquela atividade. Eu sou uma autoridade em relação a eles. E se eu sou o pai, a mãe ou alguém que cuida, sou responsável e tenho autoridade.

"A minha família é muito democrática." Não, ela pode ser participativa. Pode ser uma família mais dialógica, em que o pai e a mãe tenham o hábito de conversar mais sobre as questões que envolvem aquele núcleo. Mas há

Uma família não é uma instituição democrática, é uma instituição participativa. A organização democrática tem o pressuposto da igualdade de direitos e, portanto, também da igualdade de responsabilidades. Numa família, a responsabilidade dos adultos sobre aqueles que educam não é idêntica.

situações em que a argumentação é absolutamente inútil. Uma menina de 14 anos, que está com os hormônios fervendo, que pensa que é livre, que vai fazer o que quiser da vida porque viu isso em filmes, em *blogs*, em *posts* de *influencers*, às 10 da noite, fala:

— Eu vou sair.

— Não vai, não.

— Por quê?

Se você argumentar que a cidade é perigosa, não vai fazer sentido. Ela diz "eu me cuido". A noção de perigo dela é muito restrita. O que fazer nessa hora?

— Não vai. Eu sou responsável por você, existe risco no que você quer fazer e eu não vou permitir.

— Ah, mas eu vou fazer se eu quiser.

— Não, não vai.

É claro que esse enfrentamento exige dedicar tempo, mas uma das coisas mais marcantes nessa relação educativa é a possibilidade de oferecer referenciais de comportamento. "Nesta família há um código de conduta e nós nos balizamos por ele."

Quanto ao argumento de que "o pai da amiga deixa ir", existem coisas que ele faz que você não faz e coisas que você faz e ele não. Esse tipo de argumentação "todo mundo tem celular", "todo mundo dirige com 16 anos dentro do condomínio" precisa ser barrado pela autoridade. "Eu não deixo." Essa não é uma força da violência, é uma força da autoridade. Qualquer afrouxamento de convicção é, acima de tudo, um ato de irresponsabilidade. Autoridade não é autoritarismo, cabe enfatizar. Autoritarismo é aquele modo de ação em que existe brutalidade e opressão. Mas educar alguém exige um nível de interdição, de disciplinamento, e que deixará o outro entristecido, sim. Decerto haverá uma situação em que a criança ou jovem ficará chateado, irritado ou triste. Lamento. Há uma série de atividades que não são exatamente prazerosas, mas são necessárias em determinadas circunstâncias. Fazer dieta, deixar de comer alguns alimentos, é chato. Fazer tarefa escolar é chato. Quem gosta de sair da escola com um monte de tarefas? Nem o professor gosta de levar para casa 400 redações para corrigir. Não estamos falando do mundo do prazer. Para alguns meninos e meninas, a vida parece uma festa contínua. Ela é também uma festa, mas não é só isso.

Um cuidado constante dos pais é aferir o risco de o jovem cair no consumo excessivo de bebidas alcoólicas. Há necessidade de uma supervisão maior de adultos nessa questão. Primeiro porque pode ser danoso para a integridade física dele, segundo porque pode levar a uma conduta na vida mais irresponsável, o que também acarreta riscos para os outros. "Por que um menino de 17 anos não pode beber e um de 18 já pode?" Existem regras sociais, que são históricas, e o limite mínimo estabelecido é 18 anos. Poderia ser 16 ou 21. Como aqui no Brasil é 18, assim o é. "Na minha casa não é assim." Ok, é na sua casa. Mas, se na minha casa eu não quero que o meu filho beba, então acompanharei de perto para que ele não o faça. E deverei alertá-lo para não fazer e que, se o fizer, haverá consequência. Pode ser a retirada de algum privilégio, a retenção de algum bem de uso no dia a dia para ele se lembrar do que não deveria ter feito. Eu não estou me metendo na vida dele. A vida dele é da qual eu participo, seja por geração original ou por cuidado assumido.

No uso corrente, a palavra "repressão" tem um sentido muito negativo entre nós, mas ela não é sempre negativa. Por exemplo, quando estou dando aula, eu reprimo o ruído que possa perturbar a atividade que está sendo desenvolvida. Assim como devo reprimir alguém que coloca um som muito alto num ambiente de convivência.

Algumas companhias aéreas pelo mundo afora estão limitando o uso de celulares das 22h às 6h nos voos. É uma repressão? Sim. É negativa? Não. Porque está zelando pelo coletivo. "Mas eu não concordo." Então, não entre naquele voo. Se não tiver opção, então, assim o é. E, se não concordar de vez, organize-se com outros de modo a recusar aquela decisão. Afinal, não é porque as regras estão assim estabelecidas na legislação que não possam ser questionadas e alteradas. Todavia, enquanto a legislação estiver valendo, assim será. Se eu sou contra, me organizo com outros, vou debater, vou fazer o que estiver ao meu alcance para tentar mudar aquela situação. A democracia nos coloca essa condição.

Se esta geração for formada de modo enfraquecido, de modo leviano, ela descuidará da vida humana. Isso é um risco, portanto, não é só uma questão de autoridade, é também uma questão ética.

10

BULLYING E CASTIGO: TURBULÊNCIA E CONSEQUÊNCIA

Nós, responsáveis pela formação das novas gerações, não podemos transigir com a prática da humilhação, que hoje também recebe o nome de *bullying*. Se assim o fizermos, abriremos campo para uma atitude que precisa ser interditada na convivência. Hoje, essa questão fica ainda mais agravada com as plataformas digitais, que muitas vezes são redes de amplificação da ofensa.

Alguns de nós, quando crianças, éramos, sim, alvos de brincadeira na escola, fosse pelo peso, tamanho, sotaque, uso de óculos, alguma característica física mais pronunciada, mas aquilo tinha uma dimensão restrita a um grupo específico. Muitas vezes se tornava recíproco. Alguém me chamava de "bola", eu devolvia o chamando de "pau de vira tripa". Era uma comunidade que, porque andava junto, também se autoprotegia. O hiperdimensionamento das grandes cidades restringiu o espaço das turmas e as relações se dão muito mais nas redes sociais. Com isso, a ofensa ganha uma dimensão que extrapola as fronteiras daquele grupo e pode produzir impactos na autoimagem da criança e na capacidade de se relacionar com outras pessoas. Reitero: nós não podemos transigir com isso.

A responsabilidade fundamental de um pai ou de uma mãe é prestar atenção no comportamento da criança no dia a dia para perceber se está sofrendo *bullying*. Se o pai ou mãe encontra sinais de que a criança é alvo dessa prática, deve ir à escola e procurar a orientação pedagógica, que, por sua vez, deve chamar o autor do *bullying* para uma conversa. Existem diversas escolas que têm trabalhos nesse sentido, que são coletivos, para gerar conscientização, e não constrangimentos. Algumas, por exemplo, fazem psicodrama pedagógico, em que as crianças representam o papel do outro para sentirem como é estar naquela situação.

E o que fazer quando o filho é o autor da humilhação? O caminho é parecido: recorrer à coordenação pedagógica ou à direção e relatar que o filho está agindo de modo absolutamente indevido. É necessário deixar claro para o filho que aquele tipo de conduta é inadmissível naquela família — como deveria sê-lo em qualquer família — e

> A responsabilidade fundamental de um pai ou de uma mãe é prestar atenção no comportamento da criança no dia a dia para perceber se está sofrendo *bullying*. Se o pai ou mãe encontra sinais de que a criança é alvo dessa prática, deve ir à escola e procurar a orientação pedagógica

enfatizar que se trata de um comportamento feio, indecente e, por isso, não será tolerado.

Certa feita, eu me preparava para fazer uma palestra direcionada a pais e mães em uma escola de Curitiba. Antes, fui ao banheiro e havia dois meninos de aproximadamente 10 anos. Um deles começou a xingar, a acuar, a bater na cabeça do outro. De modo algum, eu poderia considerar que não tinha nada com aquilo. E nem pelo fato de ser educador, mas eu jamais poderia me omitir diante daquela cena. Eu disse: "Você não pode fazer isso. Não vê que ele está assustado? Você o está machucando, inclusive com as suas palavras. Você não vai mais fazer isso".

E ele disse:

— Você não tem nada a ver com isso.

— Tenho, sim. Tanto tenho que vou chamar a coordenação da escola para que ela converse com você e também com os seus pais.

Ele queria correr e eu disse:

— Você não vai sair daqui. Eu nada farei com você, mas você não correrá porque é errado.

Pedi a uma pessoa que passava para chamar a coordenadora e expliquei o que havia ocorrido. Eu não queria ser agressivo com o menino que era o autor, mas eu não queria deixá-lo impune em relação àquela situação. Aquilo para mim era um dever.

O dever de um pai ou uma mãe quando o filho é o autor, quando está infligindo sofrimento a outra criança, é classificar essa atitude como inaceitável. É preciso, sim, responsabilizar a criança por aquela má conduta, fazê-la pedir desculpas para a criança ofendida e para a família dela. É um ato de civilidade, não é se humilhar, é ser capaz de se desculpar por aquilo que não deveria ter feito.

Todo pai, toda mãe que admite que isso seja praticado, mais do que omisso, é cúmplice. Uma criança de 7, 8, 10, 17 anos, seja de que idade for, que suplicie outra, física ou simbolicamente, é autora, consciente ou não, de um ato de maldade. Se alguém é ferido numa situação, seja ela culposa ou dolosa, continuará ferido. A discussão se é culposo ou doloso está relacionada à providência que será tomada em relação a quem pratica. Mas para quem sofre isso é absolutamente indiferente. O linguajar jurídico nesse campo vale para o autor, mas para a vítima não é isso o que importa. Se alguém lhe deu um tapa intencionalmente ou sem querer, o fato é que o tapa foi dado.

Cabe à escola e à estrutura familiar cuidar para não estigmatizar o autor como se ele fosse irrecuperável, como se estivesse com a marca de Caim pelo resto de sua história. Mas isso não significa deixá-lo impune. É comum pais e mães chamarem os outros filhos: “Olha o que o teu irmão fez”, “olha o que a tua irmã foi capaz de fazer”. Nessa hora, a execração pública é inadequada e pouco educativa. É quase como cometer uma humilhação para que não se pratique mais a humilhação. Não faz sentido.

Existem alguns cuidados que devemos tomar. Por exemplo, qual o sentido de um professor ou uma professora, na hora de entregar as provas, ler as notas em voz alta e por ordem decrescente? Se a avaliação é um ato individualizado, que a devolutiva seja feita com discrição. Discrição não é omissão, mas a capacidade de respeitar a individualidade da outra pessoa. No caso do *bullying*, discrição é necessária. Porque humilhar aquele que está sendo ensinado vai gerar muito mais raiva do que reflexão sobre o que fez.

Outra cautela necessária é não hiperdimensionar um castigo. Ele tem de ser justo e, sobretudo, adequado à compreensão que a criança ou o jovem tenha do dano que causou. E eu não temo usar a palavra "castigo", que também pode ser "penalidade", "punição". Afinal de contas, qualquer pessoa adulta sabe que é passível de punições: a multa que contabiliza pontos da carteira de motorista, a advertência no ambiente de trabalho, a pena com determinado número de dias de detenção no caso de algum delito. Todos temos responsabilização por aquilo que fazemos. Assim sendo, "a palavra cão não morde". O problema não é a palavra em si. Nesse sentido, a ideia de castigo tem de ser equalizada com a compreensão que a criança ou o jovem tenha das coisas. Digamos que no sábado haverá a grande balada da escola do seu filho de 15 anos. Ele faz algo equivocado durante a semana e, para castigá-lo, você o proíbe de ir à balada. "É para ele aprender." O castigo não pode ser hiperdimensionado em relação ao delito. Se o filho chegou atrasado ou tirou 5, quando deveria tirar 6, não se justifica proibi-lo de ir a essa tão esperada balada ou ao único *show* da Billie Eilish que haverá na cidade em muitos anos. Isso é hiperdimensionar a punição, o que é deseducativo.

Tem de haver uma correspondência entre delito e pena. Poderia ser uma medida do tipo "vai ficar três dias sem acesso ao celular ou ao *streaming* na semana que vem ou não vai a tal lugar".

Mas não se deve eliminar o grande evento, a situação mais aguardada para fazer valer o castigo.

Uma família adota princípios de conduta que podem ter origem na religião, na compreensão ética ou nas questões culturais mantidas ao longo das gerações. Isso significa que, se uma família se pauta no dia a dia por determinados valores, ela quer que seus filhos sejam formados tendo-os como referência. Se "nesta casa não se é homofóbico", então, não se é homofóbico. "Ah, mas esse é um direito dele." Não, enquanto estiver sob minha responsabilidade. Os direitos de quem está sob minha responsabilidade estão atrelados à minha responsabilidade. Existe uma diferença entre autonomia e soberania. Uma criança soberana faz o que quiser, independentemente de os outros existirem. Uma criança com autonomia faz o que quiser no âmbito da responsabilidade e da liberdade dela. Isso vale para uma pessoa numa família, na cidade, no país, no planeta.

Há crianças cujos pais são religiosos e frequentam igrejas. Deve a criança ir ou não com os pais à igreja? Se esse for um valor da família, sim. A família não tem valores religiosos e a criança quer ter; nesse caso, vai depender de como a família lida com liberdade de escolha. Quando um menino tem condutas racistas, preconceituosas, homofóbicas, se a família achar que isso "faz parte", ele vai dar sequência nessa direção. Caberá à autoridade extrafamiliar admitir ou não esse tipo de conduta fora daquele território. No âmbito da vida privada, a criança ou o jovem agirá de acordo com que os pais entendem como comportamento decente. Uma criança encontrará eco para a sua homofobia, racismo, preconceito se a família criar um ambiente permeável a isso, com piadas e brincadeiras que estimulem esse tipo de mentalidade. De modo contrário, quando um pai ou uma mãe ouve uma piada que o filho conta ou assiste a uma cena degradante na tevê e fala "isso é errado, eu não aprovo piada desse tipo", essas demonstrações vão introjetando um padrão de conduta.

11

TÁ EM CASA, TÁ SEGURA? E AS TURBULÊNCIAS DIGITAIS?

Quando as questões de segurança se tornaram prementes nas cidades, a divisão "mundo de casa" e "mundo da rua" ficou muito mais acentuada. Estar em casa, no condomínio, em ambientes com equipamentos de segurança, gerava a sensação de segurança. Mas houve outro mundo que se interpôs entre os dois existentes, eliminando fronteiras: o mundo digital, que permite inúmeras vantagens, mas também ignora muros.

Se aos 13, 14 anos, eu quisesse sair de casa sem que meus pais vissem, tinha de pular o muro. Agora esse muro pode ser pulado virtualmente o tempo todo. Se uma criança estiver diante de um computador, de um celular, ainda que não exposta diretamente a uma situação real, estará sujeita a uma série de riscos. Desde estabelecer diálogos com desconhecidos, passar informações sobre a família, até ser alvo de pedófilos.

Hoje é absolutamente frágil essa suposição de que "tá em casa, tá segura". É absolutamente necessário que pais e mães acompanhem com muita atenção os conteúdos a que os jovens estão expostos. Não se trata de uma censura, mas de uma supervisão. No ambiente de trabalho, seja como chefe, seja como subordinado, o pai e a mãe aceitam que a empresa tenha o direito de acompanhar o uso da internet, os *e-mails* trocados, as redes e os *sites* acessados. Por que não deveriam fazê-lo também no âmbito das próprias famílias?

> Hoje é absolutamente frágil essa suposição de que "tá em casa, tá segura". É absolutamente necessário que pais e mães acompanhem com muita atenção os conteúdos a que os jovens estão expostos. Não se trata de uma censura, mas de uma supervisão.

Não é vigiar no sentido de ir lá abrir a máquina enquanto a criança está na escola para bisbilhotar. É construir com a criança e com o jovem circunstâncias de partilhar informações sobre aquilo que fazem no mundo virtual. A ideia é não invadir a privacidade, mas abrir um canal em que o pai e a mãe possam dialogar: "O que você está vendo?", "que *sites* você está acessando?", "com quem que você está falando?", "de onde você conhece essa pessoa?".

A plataforma digital não é só uma ferramenta, o mundo digital constrói modelos mentais. Por isso, outro ponto importante precisa ser colocado: por que se tem a percepção de que num *site* ou numa rede social se pode falar sem responsabilização alguma? Isto é, que a palavra pode ser emitida sem que se precise dar conta daquilo que está falando? Essa percepção equivocada abre campo para a prática de leviandade, de difamação, de calúnia, de assédio, de *bullying*. Não, a internet não é um território em que a pessoa fala o que quiser. Existe a etiqueta de convivência, a capacidade de relacionamento decente.

Lembra-se da expressão "andar em más companhias"? Essa tecnologia permitiu colocar as companhias na penumbra. Quais são as companhias com que ele anda? Essas companhias não se restringem ao menino que vem à porta da minha casa, mas com quem ele está conversando, que atividade está planejando. "Ah, mas eu vou ficar vigiando?". Não. Trata-se de acompanhar, controlar. "Assim eu estou me metendo na vida dele." A vida dele é responsabilidade sua. Meter-se na vida, no sentido negativo, é quando cerceia a autonomia dele, quando o impede de tomar as decisões no âmbito da liberdade que ele tem.

Quando os meus filhos chegavam em casa, eu não tinha dificuldade alguma de olhar nos olhos deles para ver se havia algum sinal de consumo de álcool sem responsabilidade ou de drogas ilegais. Estou me metendo na vida deles? Não se trata disso. O fato é que eu sou responsável pela vida deles até os 18 anos pela legislação atual. Eu não posso fugir dessa responsabilidade.

Cabe ressaltar que me refiro à responsabilidade até os 18 anos porque a lei assim o estabelece, não estou falando de afeto, mas de responsabilidade. Alguém, a partir dessa idade, ganha autonomia em relação ao convívio coletivo e a partir dali passa a ser responsável pelos próprios atos. Até 17 anos, 11 meses e 30 dias, quem responde é o pai ou a mãe ou o responsável. Enquanto eu respondo, preciso saber onde ele está. Há pais e mães que se recusam a fazer isso: "Imagina, vou me meter na vida dele". Não. Só está acompanhando. Você não está ouvindo o que ele está falando. Se as pessoas têm rastreador de celular, rastreador de carro, pois consideram um bem que não pode ser perdido, imagine uma criança ou um jovem.

O pai e a mãe podem se meter na vida do filho. E devem se meter. O que não pode é serem opressivos, violentos, cruéis. Mas acompanhá-lo é uma tarefa ética. Isso significa rastrear o que ele está olhando? Se eu tiver de saber ao menos o protocolo dos *sites* que ele frequenta, sem necessariamente ver o conteúdo que seria da privacidade dele, não tenho dúvida. Se eu não vou conseguir rastrear, seja porque há dificuldade técnica de fazê-lo, seja porque tenho por princípio não rastrear, vou ter de dialogar mais sobre com quem ele está trocando mensagens. Como? Criando situações de convivência, de conversa. Como crio essa situação? Chamando o menino na sala: "Vem aqui, vamos bater um papo"? Não. Essa é uma artificialidade que faz com que o outro se sinta enfadado, e, dependendo da idade, aquilo não faz muito sentido. Mas, quando se criam circunstâncias em que o jovem ou a criança se sente num ambiente receptivo, em que a chamada para a conversa não é artificializada, mas provocada, em que ele sinta aquilo como uma atividade importante, por exemplo, quando eu peço a um filho de 14 anos que me ensine a usar um aplicativo. Ou perguntando: "Existe algum aplicativo que eu possa baixar para acompanhar a quantidade de passos que dou ou o meu batimento cardíaco? Você instala para mim?". E no meio daquela relação, em que há também uma valorização daquilo que ele é, começa a haver outra forma de diálogo, de ponte. Sem artificializar, mas criando um clima. Não se trata de dizer "todo sábado, às 16h, nós vamos conversar". Não. Mas que tal organizar uma situação em que uma vez na semana todo mundo almoce junto? Em muita cidade grande isso é difícil, então, pelo menos num sábado do mês, nós vamos sentar das 16h às 18h para ouvir música juntos. Ou vamos sair para tomar sorvete. Ou vamos a um local para o filho mostrar a habilidade dele em jogos eletrônicos. Eu, adulto, vou lá apreciar a competência dele. Ou vou com ele a um cinema ver um filme que a princípio eu acharia estranho, mas eu preciso fazer um esforço nessa direção. Na relação afetiva de casal, eu às vezes tenho de fazer atividades que dificilmente faria por mim mesmo, como ir a uma exposição ou a determinada peça de teatro. Se faço esse movimento para criar uma convivência afetiva com um adulto, por que não fazer isso com uma criança ou um jovem? Existe um nível de intransigência de alguns pais e mães com que é muito difícil de lidar. "Ah, meu filho não quer saber de nada, ele passa o tempo todo no computador." Não precisa ser assim. Há pontes para se criar. Qual o primeiro passo? Peça a ele que ensine a você alguma coisa.

Qual é a medida para essa supervisão? É certo, por exemplo, pais colocarem uma câmera de vigilância no quarto dos filhos? Se eles, dialogando, chegaram à conclusão de que naquela família não haveria possibilidade de se ter intimidade sem visualização, é correto. Fazê-lo sem que o filho ou a filha saiba é a destruição de uma relação de confiança. Quando mencionei que o pai ou a mãe pode acompanhar os protocolos de *sites* que o filho visita, essa medida não é escondida. Deve-se avisar sobre a intenção de adotar tal procedimento. Se terei essa prática de acompanhar os *sites* que os meus filhos visitam, com quem conversam, eu vou dizer a eles que vou fazer isso. Essa não é uma atividade feia, que tem de ser colocada na sombra para que ninguém saiba. Não é uma atividade policial, é uma atividade educacional. Agora, fazer isso sem diálogo, sem transparência, é uma invasão que destrói a relação de confiança.

Posso eu olhar pelo celular — algumas escolas oferecem esse recurso — como o meu filho de 7, 8 anos está na sala de aula? Ótimo, se existe tal possibilidade, por que não? A gente não faz isso com alguma propriedade, como uma casa de praia? Antes, como a minha mãe tomava conta de mim em Londrina, cidade em que nasci? Pelas vizinhas. A rede social era a vizinhança. "Ele passou por aqui", "tá lá fora", "tá cabulando aula." Eu não sou avesso a isso. Se a pessoa acha que precisa de um localizador do carro no caso de desaparecimento ou do celular, por que no caso da criança não vai querer saber? Claro que vai. "Nesta família" pode-se fazer isso. Ele concorda com que eu faça? Ele não tem de concordar com algumas decisões, ele tem de ter ciência de que elas foram tomadas. Insisto, não vou fazer escondido. Isso não é feio, é minha tarefa como responsável.

12

RITMOS E ALGORITMOS EM TURBULÊNCIA

A ideia de aproveitar a vida quase beira a uma compulsão atualmente. Há um sentimento de que uma parte da nossa vida se esvai com tarefas, atribuições, obrigações, que não necessariamente resultam da nossa escolha. Quase como se a nossa existência fosse algoritmada. Mesmo quando não inserida no mundo digital, é como se houvesse um algoritmo nos impulsionando para determinadas ações. Isso gera um certo desespero e um clamor para que a vida faça mais sentido e tenha mais valia. Daí esse impulso compulsório para que estejamos constantemente felizes.

É sempre recomendável lembrar que uma pessoa feliz o tempo todo não é feliz, ela é tonta. Porque a felicidade não pode ser uma ocorrência contínua, à medida que a vida tem dificuldades, encrencas, problemas. Por isso, uma pessoa feliz o tempo todo provavelmente está alienada. Do mesmo modo, não é possível alguém admitir ser infeliz o tempo todo. A felicidade contínua e a infelicidade contínua não podem ser representativas do nosso estado emocional.

A propósito, há uma frase antiga que expressa muito bem isso: "Não há mal que sempre dure, nem bem que nunca se acabe". É no movimento entre esses dois tempos que nós conseguimos fruir momentos de felicidade. Tal como é importante vivenciar a infelicidade e trabalhá-la de modo que ela não se estenda demasiadamente nem prejudique as nossas relações no mundo.

Obviamente não estou me referindo aos casos de depressão, pois não se trata de uma escolha. Pessoas nessa condição precisam ser cuidadas com a ajuda de especialistas do campo da saúde mental.

Há uma história, que inclusive circula em ambientes virtuais, na qual uma pessoa questiona a outra: "Como você não é feliz? Você tem tudo, família, beleza, recursos...". A outra, com depressão, responde: "É a mesma coisa de perguntar como alguém com asma tem dificuldade de respirar num planeta cheio de oxigênio". Não é porque algumas pessoas dispõem de boas condições externas, que terão uma efetiva expressão da felicidade. Mas e as condições internas?

De modo geral, essa ideia de felicidade obrigatória que circula em nossa sociedade, em grande medida exacerbada pelas redes sociais, é capaz de provocar movimentos de desânimo no nosso dia a dia. As pessoas se pautam pela comparação com aquilo que veem pelas telas e são acometidas de frustração e sofrimento.

Ser feliz tornou-se um imperativo e, na adolescência, isso ganha contornos mais expressivos. A começar pela própria condição fisiológica dessa fase da vida, marcada por alterações hormonais, oscilações no equilíbrio afetivo e uma noção distorcida de temporalidade. Para quem está na adolescência, tudo se apresenta como definitivo. Amanhecer com uma espinha no nariz parece motivo mais do que suficiente para não sair de casa, mesmo que haja uma prova importante na escola naquele dia. Porque isso poderá ser o fim.

Essa definitude, isto é, a ausência de uma percepção temporal de que as coisas passam, tem a ver com maturação cerebral, com tempo de vivência, com o ambiente no qual se está situado.

Ao mesmo tempo, pode ser um período em que se quer viver todas as experiências intensamente, como se não houvesse amanhã. O pai ou a mãe chega em casa à noite, e o filho ou a filha de 16 anos está saindo.

— Ué, filha, aonde você vai?

— Vou para uma balada.

— Numa quarta-feira?

— Pai, pode ser a última balada da minha vida!

Essa ideia de que a vida está por um fio traz a lógica do *carpe diem*, termo relacionado ao contexto da época do Império Romano, mas largamente interpretado como viver apenas o hoje, diante de um futuro que é incerto.

Por isso, uma noção que deve ser transmitida aos jovens é de que vida é maratona, não é uma corrida 100 metros rasos com barreiras, em que o atleta dispara e salta obstáculos até cruzar a linha de chegada. O êxito é possível, mas geralmente obtido com um estado de exaustão. Já numa maratona, é preciso avaliar o percurso e fazer uso racional da energia. Gastá-la toda num determinado momento vai esgotar as reservas para os momentos mais desafiadores, o que implica não concluir a prova.

Esse sentido de urgência pode ser ampliado pela influência das redes sociais, mas a raiz do problema não está exatamente nelas. Como quaisquer outras ferramentas, as redes sociais podem atuar de modo benéfico ou de modo maléfico em nosso cotidiano.

Costumo dar como exemplo a seguinte situação: uma pessoa vem com uma maçã e a outra com uma faca. As duas podem se juntar, usar a faca para dividir a maçã e comerem a fruta juntas. Ou a mesma faca pode ser usada para ameaçar a outra pessoa e tomar dela a maçã. A escolha não está na faca, não é a ferramenta que decide ou faz os movimentos por si mesma.

Por isso, uma noção que deve ser transmitida aos jovens é de que vida é maratona, não é uma corrida 100 metros rasos com barreiras, em que o atleta dispara e salta obstáculos até cruzar a linha de chegada. O êxito é possível, mas geralmente obtido com um estado de exaustão.

Vale lembrar que, em meados dos anos 1990, quando a internet passou a se integrar no uso mais cotidiano das pessoas, o nome que se dava ao canal para esse acesso era "servidor". Era ele que nos servia. Quando ele deixa de nos servir e nós a ele passamos a servir, isto é, quando há uma postura submissa, ingênua, sem pensamento crítico, é sinal de que perdemos a noção do bom uso.

Em 1967, eu vim morar na cidade de São Paulo, aos 13 anos de idade, e nunca havia usado um elevador automático. Na minha cidade natal, Londrina, os elevadores dos prédios comerciais contavam com um ascensorista. Você entrava, dizia para qual andar queria ir e esse profissional movimentava uma manivela que fazia o elevador subir e descer. A primeira vez que eu entrei em um elevador sem ninguém dentro e apertei o botão número sete tive uma alegria ao constatar que o elevador havia de fato me levado até o sétimo andar. Isto é, o elevador foi automático e obedeceu ao meu comando. Isso é diferente de ser um equipamento autônomo, que, independentemente do botão que eu apertasse, me levaria aonde ele quisesse. A autonomia do equipamento excluiria a minha autonomia.

Hoje, passadas algumas décadas após a primeira entrada sozinho no elevador, eu não teria nenhuma dificuldade de que um robô, por intermédio da inteligência artificial, procedesse um ato cirúrgico em mim. Aliás, parte das máquinas usadas no cotidiano da área de cuidado à saúde é automática. O que eu não quero é que a máquina seja autônoma, que ela decida o que vai fazer. Eu quero que nela seja colocado o protocolo de decisão, feito por humanos, e que ela siga todos os *prompts* para fazer o que tem que ser feito.

Não há como negar que a virtualidade cumpre algumas tarefas relevantes em vários aspectos do nosso cotidiano. A possibilidade de transformar átomo em *bit* não torna mais obrigatória a presença física nos locais. No meu caso, essa condição favorece levar conteúdos a mais pessoas, bem como que eles sejam posteriormente acessados. Por intermédio de *posts*, *lives*, *videocasts*, *podcasts*, consigo abranger mais pessoas do que numa sala de aula ou numa palestra exclusivamente presencial.

Além disso, a virtualidade ampliou o meu contato com novos públicos. Têm sido cada vez mais frequentes pedidos para tirar foto comigo vindos de meninos e meninas de 14, 15 anos — faixa etária com a qual tive menos contato durante minha trajetória profissional, especialmente pela minha docência na graduação em diante. Nessas ocasiões, pergunto por que querem essa foto. A resposta geralmente é porque acompanham os meus conteúdos em alguma rede social.

No campo afetivo, uma das coisas mais importantes para mim durante o período pandêmico da covid-19 foi poder manter relacionamento com meus netos e netas por meio de ferramentas virtuais. Ainda que eu não pudesse abraçar nem interagir de forma mais próxima com as crianças, era melhor um contato mais restrito do que nenhum contato.

Vale observar que, por mais que *lives* ou transmissões sejam capazes de ampliar o alcance para patamares de milhares de pessoas em lugares diferentes, o que acontece ainda é uma conversa, uma exposição, uma aula — coisas que fazemos desde sempre. Interações que continuam, acima de tudo, humanas.

Como venho dizendo há anos, não podemos adotar uma postura nem de informatolatria, que é a adoração do mundo digital, nem de informatofobia, que é o pânico em relação às novas tecnologias.

O grande escritor e médico Guimarães Rosa alertava: *"Não convém a gente levantar escândalo de começo, só aos poucos é que o escuro é claro"*.

13

TURBULÊNCIAS NA TRANSIÇÃO VIRTUAL-REAL

Ouvimos com frequência a expressão "o mundo está mudando". Costumo observar que não é essa a novidade. Afinal, o mundo sempre mudou. O fato novo da nossa contemporaneidade é a velocidade com que as mudanças se processam e o impacto que causam nas mais diversas áreas.

Nós ainda não entendemos todos os movimentos associados à virtualização da vida. Em Filosofia, costuma-se dizer que "quem menos sabe da água é o peixe", afinal, ele está dentro dela.

Nós estamos vivendo o momento atual e ainda não deu tempo de um distanciamento crítico, de um olhar mais metodológico que nos permita respostas conclusivas. Nos primeiros anos de 2020, por exemplo, nós não tínhamos questões tão frequentes envolvendo o uso da inteligência artificial como temos agora, em meados desta década. Alguns termos não frequentavam o nosso cotidiano, como "adultização", que se tornaram parte decisiva para preservar a nossa decência coletiva.

Nesse sentido, algumas formulações e alguns caminhos para as soluções inclusive passam pelo próprio ambiente virtual. O mesmo mundo digital que é capaz de ameaçar crianças e adolescentes, também é capaz de nos alertar, de nos orientar, de nos salvar em relação a várias situações.

Como mencionei no capítulo anterior, sem informatolatria e sem informatofobia, nosso desafio é achar um modo de caminhar num processo que garanta nossa autonomia, liberdade e sentido.

É inegável que o mundo virtual faz parte do nosso cotidiano e é muito sedutor. Ele tanto pode produzir um encantamento quanto um enfeitiçamento. É muito difícil resistir a algo que estimula, que vai oferecendo um retorno de satisfação imediata para que a conexão se mantenha. Portanto, ele é viciante. O que é um vício? É aquilo que você não pode interromper quando deseja ou precisa.

E as redes sociais, num certo sentido, reforçam esse convite com uma sucessão de situações em que o dedo rola indefinidamente pelas telas, em busca de dopamina. E aí cabe questionar: a busca por dopamina está intensa no celular ou no *tablet* por que está em falta em algum outro lugar?

Aliás, há uma parcela de jovens que usa a inteligência artificial como a sua referência de contato, como procedimento terapêutico relativo à saúde mental, o que é muito mais indicativo de uma lacuna imensa afetiva do que, de fato, uma facilitação tecnológica.

Assim como qualquer hábito, costumo lembrar que comer bem não é comer muito, é comer de forma seletiva. E beber bem não é beber muito. Até porque, depois de uma terceira ou quarta dose, não há mais nenhum prazer naquele consumo. Alguns prazeres da vida vêm pela ausência e não pela presença.

Nessa busca por equilíbrio, outro aspecto a que pais, mães, educadores em geral precisam ficar atentos é quanto à orientação para que as informações que circulam nos meios digitais sejam checadas e rechecadas antes de serem passadas adiante. A avalanche de informações não necessariamente se configura um manancial de conhecimento.

A inteligência artificial traz grandes avanços à medida que pode favorecer a aceleração de tarefas, liberar tempo, agilizar processos, assim como pode iludir. O mundo digital tornou-se também um território de falsificações.

Eu, Cortella, sou vítima de algumas delas. Todos os dias aparecem postagens que simulam a minha voz, com um conteúdo que não é meu e que, vez ou outra, acaba induzindo algumas pessoas a enganos. Em alguns casos, eu até

A inteligência artificial traz grandes avanços à medida que pode favorecer a aceleração de tarefas, liberar tempo, agilizar processos, assim como pode iludir. O mundo digital tornou-se também um território de falsificações.

poderia concordar com algumas falas, mas elas não foram produzidas por mim. Por vezes, sou cumprimentado por coisas que não disse. Obviamente, mesmo a pessoa tendo a intenção de afago, eu esclareço não se tratar de conteúdo de minha autoria. Afinal, autenticidade é um aspecto que prezo na minha construção intelectual e algo decisivo para que eu possa dar valor àquilo que faço, que é resultado do meu esforço. A mera simulação é tão somente mera simulação.

Um mundo de circulação abundante de dados torna obrigatória a adoção de medidas como checar a fonte da mensagem, buscar informações em fontes confiáveis, ir à fonte original quando houver alguma citação, para não contribuir com a disseminação de falsificações, inverdades e outros tipos de *fake news*.

Além de falsificações da realidade, a virtualização excessiva da nossa vida pode reduzir algumas habilidades nas relações interpessoais. Alguém que passa uma parte expressiva do seu tempo, dentro do quarto, mergulhado numa tela, encontra turbulência no momento em que precisa conviver com outros seres humanos de uma maneira mais direta, somática, corporal. Afinal, essas interações exigem saber se comunicar, fazer concessões, encantar, lidar com rejeições, argumentar, contra-argumentar, isto é, se relacionar em contextos de vida real.

E muitos pais, mães e responsáveis carregam essa inquietação de como fazer com que filhos e filhas não fiquem tão absortos nas telas e vivenciem com mais fluência situações do mundo concreto.

Atrair a atenção dos jovens exige um princípio básico: despertar o interesse deles. É preciso criar uma conexão que estimule a curiosidade, o desejo deles de conhecer. A frase mais óbvia em Educação é: "Ninguém deixa de se interessar por aquilo que interessa".

Como já relatado, eu encontro jovens de 14 anos, 15 anos que pedem para tirar uma foto comigo. Eu sou da área de Filosofia, e por que um menino ou uma menina dessa faixa etária quereria tirar uma foto comigo? Eu pergunto: De onde você me conhece? Eles dizem: "Do Tik Tok". Certamente não atraí a atenção deles fazendo dancinhas. O que tem ali? Um conteúdo que interessa a eles. Esse conteúdo que desperta o interesse deles, entretanto, precisa ser trazido para o agora, para aquilo que eles estão vivenciando.

Isso requer que eu tenha sensibilidade para fazer o meu melhor naquela condição. Significa que eu necessito lançar um olhar mais apurado para esse mundo em que vivem. Eu preciso conhecer o universo deles. A qual filme assistem, que música ouvem, que jogos curtem. O que os emociona. *Emovere*, em latim, é aquilo que mobiliza. Se eu descobrir o que mexe com eles, consigo construir essa ponte.

Existe um aspecto importante nessa abordagem e que marcou a minha formação docente. Na disciplina Física, ao falar de Isaac Newton, era comum a professora ou o professor contar que Newton estava sentado à sombra de uma macieira, quando uma maçã caiu na cabeça dele e ele formulou que "os corpos se atraem na razão direta de suas massas e na razão inversa do quadrado da distância entre eles". Ao ouvir isso, a classe entrava em estado de estupefação. "Nossa! Esse Newton era um gênio", "eu jamais conseguirei ser alguém como ele, pois era um ser humano extraordinário".

De fato, Newton era um cientista notável. Mas tem algo que nós, educadores, na família ou na escola deveríamos contextualizar. Quando a maçã caiu, havia mais de 15 anos que Newton estudava a questão da queda dos corpos e da sustentação dos planetas. O físico britânico era professor em Cambridge, à época considerada a melhor universidade do mundo. A maçã não bateu numa cabeça qualquer. Milhares de maçãs caíram em outras tantas cabeças. Por que aquela maçã resultou na célebre formulação? Porque Newton estava "pré-ocupado" com aquela questão.

Por que uso esse exemplo? Porque não há conhecimento, interesse, estímulo quando não existe pré-ocupação, isto é, ocupação prévia das pessoas em relação àquele determinado assunto. Se eu quero, por exemplo, encantar uma pessoa para o mundo da leitura — com todo o potencial que traz de prazer, de fruição, de construção pedagógica, de formação de repertório —, eu preciso situar essa leitura no campo da ocupação prévia da pessoa. Tenho de partir do mundo que o garoto ou a garota já viu, para que tenham uma compreensão daquilo que virá a partir daquele ponto.

Exemplo concreto. Já aconteceu de eu, em sala de aula, recorrer à Lady Gaga para introduzir o tema do Cinismo como escola filosófica. Coloquei a música *Poker Face* para começar a discutir uma expressão do cinismo. Para falar de

Diógenes de Sinope, o nome mais conhecido dessa escola, citei Chaves, do seriado televisivo, que nele foi inspirado. Afinal, o personagem Chaves é caracterizado por ser livre, sem dono de qualquer propriedade, mora em um barril (como fazia Diógenes, segundo relatos). A única coisa que ele tem é ele mesmo. E ele é cínico, fica vagando de um lado para o outro e é o único a dizer o que realmente pensa, marcado ainda pelo clássico "foi sem querer, querendo". A partir desse tipo de conexão, se eu propuser durante a aula "leiam sobre Diógenes", os alunos irão. Porque eu trouxe um elemento da contemporaneidade deles.

A propósito, para fechar um pouco mais as marcas temporais entre as gerações, aqui vale uma observação. Todo ser humano sempre viveu na era contemporânea, em qualquer época. Nós somos contemporâneos de todas as gerações que aí estão. Mas nós não vivemos a contemporaneidade do mesmo modo.

Eu sou contemporâneo de um jovem de 20 anos, tal como ele é meu contemporâneo, mas nós não temos a contemporaneidade vivida da mesma maneira. Nós estamos no mesmo tempo, mas não do mesmo modo.

Essa compreensão é uma chave fundamental para as relações de ensino e aprendizado — dentro e fora das escolas e, especialmente, na convivência na família. De novo: vivemos no mesmo tempo, mas não do mesmo modo, e essa condição requer esforço de aproximação e perícia afetiva na construção.

14

ADOLESCÊNCIA É TURBULENTA “ABORRECÊNCIA”?

O período da adolescência exige uma atenção dobrada de quem cuida, do mesmo modo como se tem um rigoroso cuidado na faixa etária de 0 a 5 anos. Uma criança nessa fase é extremamente frágil, porque ela não toma conta de si mesma.

Na adolescência, o jovem de 12 a 17 anos também demanda um adensamento do cuidado. Claro que cuidar de alguém é uma atividade de caráter permanente, mas nessa faixa é preciso dedicar-se mais, assim como se dedica mais a uma mulher que está grávida, a um jovem que vai fazer vestibular, a alguém que perdeu o emprego. Toda situação que tem mais probabilidade de fragilização exige uma intensificação no modo de relacionamento. Não é que se vai dar exclusividade, mas intensificar o cuidado. Adolescência não é uma doença, no entanto é um período em que ocorre alteração do equilíbrio afetivo, oscilação hormonal, mudança de humor, enfim, é uma fase em que se modifica a forma de presença no mundo. Já atribuem ao adolescente requisitos de quem está virando adulto, mas ainda o tratam como criança. Aos 16 anos perguntam "o que você vai ser?", "o que vai fazer da vida?", mas, ao mesmo tempo, dizem na cara dele "você não entende nada", "você é um moleque ainda".

E o menino tímido? E a menina tímida? É obrigatório ser popular dentro e fora das redes sociais, expor o que está fazendo, ser bom no *marketing* pessoal para desenvolver a carreira?

Num mundo em que as pessoas parecem cada vez mais inclinadas à exibição, alguns pais ficam preocupados ao notar traços de introversão nos filhos. Como se houvesse ali uma inadequação ou despreparo para encarar as dinâmicas sociais na vida.

A ciência estuda se algumas características de personalidade são congênitas. Investiga-se se o modo de organização cerebral interfere no comportamento do indivíduo. Se a criança é tímida, terá de ser acolhida desse modo. Se o nível de introversão a impedir de se relacionar com outras pessoas ou se ela demonstrar sofrimento por estar no ambiente externo, é preciso — de maneira não agressiva, mas decidida — procurar ajuda para alterar essa condição. Um caminho pode ser colocando-a em situações que a façam se expressar em público, como jogos e atividades esportivas, ou atividades artísticas como escola de teatro, ou a inserir em espaços onde seja possível brincar e interagir com outras crianças. Os jogos e as atividades lúdicas movem a nossa sociabilidade.

Cabe ressalvar que ser introvertido nem sempre é algo negativo. Eu conheço gente que é meditativa, que gosta de ficar quieta, no canto dela. Se isso não é sinal de tristeza, não é sinal de recusa à convivência, é só um modo de ser, que seja assim. Na outra ponta, o extrovertido, que aparentemente leva vantagem em algumas situações sociais, corre o risco de se tornar inconveniente quando passa de um limite.

Se a criança ou o jovem fica recluso porque tem pânico de conviver, porque se sente mal na presença de outras pessoas, esse é um indicativo forte de que precisa ser ajudado. Mas, se for só uma característica, não tem problema. Imagine se tentássemos mudar o jeito do João Gilberto porque ele aprecia ficar só com o seu violão, que condição magnífica perderíamos. Essa é uma característica dele, ele não estava sofrendo.

Para balizarmos o que faz bem e o que faz mal, é preciso avaliar qual é o dano e qual é o benefício; essa questão é decisiva.

Essa ambiguidade vivida na adolescência carrega também uma movimentação de forças que estão dentro da pessoa. A sexualidade está aflorando, e você deixa de ter um menino e passa a ter um menino que pode gerar menino, uma menina que pode fazer menina. Uma espinha no nariz não pode ser encarada como frescura. Alguém com 16 anos, cuja identidade é muito cobrada em relação a sua corporeidade, o jeito do cabelo, o tamanho da orelha, aquilo que depois de um tempo pode se tornar algo insignificante, naquela circunstância não o é. Isso faz com que pai, mãe ou responsável tenham atribuições maiores de atenção. O adulto tem de se preparar, tem de saber que algumas explosões não decorrem de um gesto intencional. O adolescente tem movimentos vulcânicos que não dependem dele. Seria possível até dizer que é algo mais ligado à endocrinologia do que à psicologia.

> O adulto tem de se preparar, tem de saber que algumas explosões não decorrem de um gesto intencional. O adolescente tem movimentos vulcânicos que não dependem dele. Seria possível até dizer que é algo mais ligado à endocrinologia do que à psicologia.

Ainda no campo da biologia, um aspecto de que venho falando há tempos é que não podemos ter aulas do Ensino Médio no mesmo horário do Ensino Fundamental. Não é possível começar aula às 7 da manhã. Um adolescente não dorme antes de 23h, meia-noite. E não é apenas por causa da agitação causada pela tecnologia. Ele tem um ciclo em transformação, o ritmo circadiano de um adolescente é diferente. Por que fazemos isso contra a natureza do adolescente? "Ah, porque tem de organizar a escola no mesmo horário para todos, porque a família precisa levar todos os filhos à escola no mesmo horário." A adolescência muda o modo do sono, altera o humor, traz irritabilidade; um menino de 15 anos é estabanado, com a menina é diferente. Não considerar esses fatores é ignorar os movimentos da natureza.

Muitos chamam a adolescência de "aborrecência". De fato, esse trocadilho tem sua parcela de verdade. Mas é assim. Uma pessoa senil adquire manias, uma criança até 5 anos tem as suas fragilidades, um adolescente também as tem. Há pessoas que preferem desqualificar a adolescência: "No meu tempo não tinha isso". Claro que tinha. Seu pai e sua mãe não tinham de lidar tanto com isso porque você era criado numa comunidade ampliada de primos e primas, de tias e tios, e ia soltar a sua energia brincando na rua, subindo morro, correndo, soltando pipa, jogando bola na rua, brincando de queimada. Agora o menino fica isolado num canto, diante de uma tela. Havia uma mobilidade maior do corpo. Hoje o corpo ficou mais pesado. Alguns fazem atividade física e até são mais centrados em relação a isso. Nesse ponto, os norte-americanos fizeram algo apreciável, que é incentivar as modalidades na escola e considerar o rendimento no esporte também como um critério para a entrada no ensino superior.

Tem gente que prefere ignorar essa condição e insiste em querer amarrar a boca do vulcão. É claro que alguma hora vai vazar.

15

SENSATEZ: ORIENTAR AS TURBULÊNCIAS DA ORIENTAÇÃO SEXUAL

Há uma diferença entre sexo e gênero. Sexo é biologia. Gênero é sociologia, psicologia, antropologia.

Sexo temos dois: macho e fêmea. Quando se tem algum tipo de alteração biológica, vai se chamar de alteração. O gênero já é uma construção que não necessariamente corresponde a macho e fêmea.

Por isso, a homossexualidade masculina ou feminina não tem a ver com sexo, tem a ver com gênero. E se trata de uma orientação, não uma opção. Orientação sexual significa uma inclinação, uma tendência, portanto nada tem a ver com desvio ou distúrbio. Até 1990, a homossexualidade era considerada até pela Organização Mundial da Saúde uma doença, classificação já retirada.

Um pai ou uma mãe pode não apreciar uma conduta homoafetiva, pode considerar que seja antinatural. Mas, nesse caso, é preciso refletir sobre o que significa antinatural. Porque a medicina é antinatural. Ela interrompe o que seria o caminho da natureza. Se uma pessoa tiver uma inflamação no apêndice, o caminho natural é morrer. A medicina intervém com procedimentos como anestesia, colocação em centro cirúrgico, incisão, secção e retirada do órgão, sutura, prescrição de antibiótico para a natureza não seguir seu fluxo e matar a pessoa com septicemia.

A castidade também é antinatural. Se um dos princípios básicos da biologia é a reprodução da espécie, a decisão de não ter relações sexuais, seja por escolha individual, seja por imposição de alguma religião, é antinatural.

Há várias religiões, entre elas a católica, em que o sacerdote é celibatário, isto é, ele não pode casar. Boa parte das religiões tem, além do celibato para alguns, a castidade, em que não se pode praticar sexo. Repito: a ideia de antinatural precisa ser repensada.

Há outro ponto. O pai ou a mãe, além de não apreciar, acha errado a relação afetiva com pessoas do mesmo sexo. E a grande pergunta é: "Acha errado por quê?". Seja no próprio filho, seja nas companhias com quem ele anda, acha errado por quê? É uma conduta que ofende quem? Para ser considerado errado, é preciso haver um ofendido e um ofensor. O ofensor seria o homossexual, e o ofendido quem seria? Fará mal para quem? Se o meu filho ou a minha filha, ou se os amigos ou amigas deles, são homossexuais, isso fará mal para quem? Esta é uma questão moral. Se imagino a conduta ética como aquilo que regula o que faz bem e o que faz mal, alguém ser homossexual faz mal para quem?

— Ah, faz mal para ele.

— Por quê?

— Porque isso não é certo.

— Não é certo por quê?

— Porque Deus não quer.

Se esse é o argumento, saímos da nossa capacidade de avaliação. Então é por razões religiosas e devem ser levadas em conta na hora de dizer ao filho "não quero você nessa

> Se o meu filho ou a minha filha, ou se os amigos ou amigas deles, são homossexuais, isso fará mal para quem? Esta é uma questão moral. Se imagino a conduta ética como aquilo que regula o que faz bem e o que faz mal, alguém ser homossexual faz mal para quem?

condição porque é contra a nossa religião". O menino pode acatar ou não, pode também argumentar "você está sendo cabeça-dura". Mas a convivência naquele núcleo dependerá do quão próximo se chegue de um consenso.

Se a questão fosse analisada de um ponto de vista metafísico, religioso, o argumento até poderia ser: "Jesus não quer", "Alá não quer", "Mohamed não quer". Mas isso é uma atribuição. Pode-se questionar:

— Como você sabe que Ele não quer?

— Está escrito no livro sagrado.

Nessa hora, vale lembrar o que foi dito pelo papa Bento XVI: "Nem tudo o que está na Bíblia é verdade, nem toda a verdade está na Bíblia". Aliás, se tudo o que está na Bíblia for levado ao pé da letra, é possível interpretar que se pode passar o seu vizinho no fio da espada, ou que se podem resolver as diferenças na base do "olho por olho, dente por dente".

Essa questão da sexualidade está sendo reconsiderada também no campo religioso, tanto que em algumas igrejas reformadas há uma acolhida muito forte daqueles que são desacolhidos no dia a dia.

Mais uma reflexão: se o filho ou a filha é homossexual, o pai pode dizer "não seja"? É absurdo. "Não quero que você seja." Se o filho ou a filha tiver espaço, pode dizer:

— Mas eu não escolho ser ou não. Eu sou.

— Mas eu não gosto.

— Por quê?

— Porque não é certo.

— E por que não é certo?

Vale reforçar: errado na convivência é aquilo que causa dano a si ou a outra pessoa. Assim sendo, a pergunta persiste: que dano produz alguém que é homossexual?

É diferente da pergunta: qual o dano de quem usa drogas ilegais? É diferente porque, nesse caso, o usuário pode causar dano a si mesmo e se autodestruir. Ou ele pode produzir dano ao outro, por exemplo, ao dirigir um carro após a ingestão de substâncias alucinógenas.

Mas, em relação à orientação sexual, alguns pais tentam disfarçar que o incômodo não é deles: "Por mim, não tem problema. Mas é que os outros falam". Voltamos ao ponto. Por que é imoral se a moralidade está ligada à capacidade de convivência decente em uma sociedade?

Quando se trabalha essa percepção, é preciso levar em conta também o aspecto histórico. A ideia da homossexualidade como um desvio da natureza ou um desvio moral tem presença em alguns momentos da história humana e em outros não. Existe aí uma relatividade. Hoje, vivemos circunstâncias em que a homoafetividade não é considerada uma degeneração, mas é considerado uma degeneração agredir alguém com quem se é casado. É considerado uma degeneração espancar uma criança. É considerado uma degeneração submeter alguém a uma escravatura. Nem sempre o foi.

Será que posso dizer ao filho "não ande com esse menino porque ele é *gay*" ou "não ande com essa menina porque ela é lésbica"? Até posso. Mas preciso ter um fundamento para isso. Qual é o fundamento?

Posso dizer "não ande com eles porque eles usam drogas"? Isso eu posso e, com a maior tranquilidade, argumentar: "Não ande, porque eles estão fazendo mal a eles mesmos e podem fazer mal a outros".

Agora, "não ande com ela porque ela é homossexual". Qual o mal que ela está fazendo? Sempre essa pergunta sobre o dano tem de vir à tona.

Antigamente, uma frase que circulava era "cada um dá o que é seu, não é problema meu". Não é essa a lógica. Porque essa é a lógica da não acolhida, da indiferença.

Um pai ou uma mãe pode dizer "eu não quero que você tenha um comportamento leviano", "quero que você tenha critério de escolha para exercer a sua sexualidade".

Isso, sim.

16

SEXO SEGURO EM MEIO ÀS TURBULÊNCIAS DO DESEJO

Por causa da insegurança nas cidades, tem se tornado cada vez mais frequente a permissão de famílias para que namorados adolescentes durmam um na casa do outro, geralmente nos fins de semana. Essa é uma condição que varia ao longo da história. Até 30 anos atrás, a principal advertência que os pais faziam ao filho ou à filha era não transar antes da hora. Como a decisão sobre a hora não estava sob controle do adulto, havia certo afrouxamento, certa vista grossa — "cada um tem o seu tempo".

Com o aparecimento do vírus HIV, porém, houve uma mudança radical. A questão não era mais se o filho ia transar ou não, a preocupação fundamental era que ele se protegesse. De 30 anos para cá, a pergunta "você está transando?" deu lugar a "você está levando camisinha?".

Pais e mães passamos, nessa circunstância, a acompanhar o nível de cuidado no exercício da sexualidade. Não era da minha conta se estavam fazendo sexo ou não em determinada idade, o que era da minha conta era se estavam se cuidando. Do mesmo modo, se eu tenho um filho que tem diabetes, eu preciso saber se ele está levando a insulina, a bala de proteção se tiver uma queda no nível de açúcar etc.

Além dos perigos do vírus, algumas cidades se tornaram tão agressivas que, nesse contexto, alguns pais e mães passaram a julgar mais adequado que o relacionamento se desse num espaço mais cuidado. Quase que numa lógica de, já que será feito, que seja feito num local mais protegido.

— Mas vai transar dentro da minha própria casa?

— E?

Nesse caso, vigora a famosa ética consequencialista. Qual é o dano menor? Para quem vai transar não é um dano, mas quem está de fora pode até considerar um dano. Mas qual é o dano? “A minha menina de 16 anos está transando.” E? “Isso é muito precoce.” Em relação a quê? Se for em relação às cautelas que precisam ser tomadas, muito bom. Afinal, a menina pode engravidar e isso vai gerar uma dificuldade na continuidade da formação; há também o risco de doenças.

Com o aparecimento do vírus HIV, porém, houve uma mudança radical. A questão não era mais se o filho ia transar ou não, a preocupação fundamental era que ele se protegesse. De 30 anos para cá, a pergunta “você está transando?” deu lugar a “você está levando camisinha?”.

Ótimo, então é preciso cuidado com esses fatores. "Não pode porque contraria o meu princípio moral." Então não pode. Nessa lógica, não pode nem namorar, nem sair.

Há uma circunstância que se altera. Seria impensável há 40 anos que eu perguntasse a um filho "está levando camisinha?". Hoje essa é uma pergunta educativa.

Por que passou a ter educação sexual nas escolas? Nos anos 1980 e 1990, uma parte das escolas adotou a Educação Sexual, especialmente nos anos finais do Ensino Fundamental e no Ensino Médio. E com orientações mostrando exemplos de como colocar um preservativo, abordando o uso de anticoncepcionais. Com isso, você está dizendo ao jovem que ele pode transar? Não, você está dizendo que, se ele for fazê-lo — e essa é uma questão que cada família vai cuidar a seu modo —, que o faça de maneira cuidadosa.

Eu sempre fui avesso a que pessoas consumissem bebida alcoólica fora do tempo em que pudessem fazê-lo. Todas as vezes em que há a ingestão de uma substância que pode alterar o modo de condução, a conexão com o mundo, as sinapses, a pessoa precisa ser responsável pelos seus atos. Se sou alguém que tenho responsabilidade, inclusive formal e legal por isso, então posso fazê-lo.

Isso significa que vou falar para o meu filho "você está proibido de beber"? Sim, isso eu posso fazer. "Nesta família não se bebe antes dos 18 anos, exceto naquilo que pode ser partilhado entre nós." Vai depender da família. Numa família italiana como a minha, para qualquer um de nós dos 7 aos 12 anos, havia no copo de água a medida de um dedo de vinho. Dos 12 aos 16, metade água, metade vinho. Dos 16 em diante, só vinho no copo. Era uma prática decorrente de um aspecto cultural, ainda assim sujeita a controvérsias. "Nesta família, esse é o caminho."

Sexo é uma coisa tão bela que algumas religiões abrem mão dessa prática como forma de elevação. Ao contrário da lenda, o voto de castidade não é a negação do sexo, é a afirmação. Afinal de contas, se eu abro mão de uma coisa, é porque ela é importante.

"Eu, Cortella, prometo que, se tudo der certo, eu não vou mais comer quiabo." Mas eu odeio quiabo. Eu aprecio vinho e dizer que, em nome da minha percepção religiosa, eu quero elevar a minha doação, o meu sacrifício, abro mão do vinho, aí estou valorizando o vinho.

Há quem diga que o voto de castidade é a negação do sexo. Ao contrário, porque uma pessoa que fez voto de castidade, seja em que religião for, abre mão do sexo, não da sexualidade. Não é a mesma coisa, porque ela abdica da prática sexual, mas o desejo persiste. O desejo é a sexualidade. A vontade não é o desejo.

Sexo é vontade, sexualidade é desejo.

17

TURBULÊNCIAS DA CULPA; MAS FORMAR NÃO É MOLDAR!

No passado, era bem mais comum que pais impedissem os filhos de seguir a carreira que quisessem. Uns, na suposição de impedir que o filho não sofresse as agruras pelas quais passaram, alertavam: "Não faça o que eu fiz, você vai sofrer muito". Mas há também a outra condição, de manter a tradição da família naquela atividade.

— Você vai ser advogado.

— Mas eu quero ser músico.

Um dia o será, a menos que seja tão submisso que cogite desistir do próprio projeto de vida. Mas, de maneira geral, os relatos são: "Por quatro ou cinco anos eu até atuei como engenheiro, mas essa não era a minha atividade. Eu queria mesmo era ser chef de cozinha".

Quando eu, Cortella, fui fazer Filosofia, a área não era tão conhecida por grande parte das pessoas. Atualmente até ganhou certo charme, tanto que encontro pessoas na rua, no aeroporto, no *shopping* que falam com um sorriso aberto "meu filho vai fazer Filosofia". Mas, quando eu comuniquei a meu pai, que era diretor de banco, a decisão de fazer graduação em Filosofia, ele — de maneira amorosa, mas firme — me perguntou:

— Você vai viver de quê?

— Daquilo que vive alguém que faz Filosofia, docência, escrita.

— Você tem certeza?

— Sim.

— Então, tá. Estou contigo, mas não de modo incondicional. Se eu perceber que essa é uma situação passageira, quimérica, ilusória, eu vou voltar à carga. Estou te abençoando, mas minha bênção é cuidadora.

Naquele momento, eu compreendi que uma bênção cuidadora não é a que diz "faça o que quiser", mas aquela que carrega o sentido de "vá e fique atento, porque estou aqui para te apoiar naquilo que parecer correto, e te orientar e corrigir naquilo que parecer incorreto".

Nós não somos ilha, para citar a ideia do poeta inglês John Donne (1572-1631), mas somos arquipélago. Isso significa que vivemos de maneira coletiva, mas nenhum de nós é idêntico ao outro. Eu sou único, mas não sou exclusivo. O fato de eu ser único dá a mim uma identidade, uma presença no mundo que não é repetidora. Há pais que vislumbram os filhos repetindo o caminho que trilharam, por considerar aquela carreira mais segura ou para manter a trajetória bem-sucedida da família naquele ofício.

Existem também aqueles que não conseguiram realizar suas aspirações, mas querem que os filhos compensem essa frustração. "Eu não consegui seguir a carreira de jogador de futebol, mas você poderá", "eu não tive condições de pagar o curso de Medicina, mas você terá condições de fazê-lo."

Eu tenho encontrado com muita frequência pais que acham que o projeto de vida deles é colocar o filho num determinado caminho. Esse é o projeto dos pais, não dos filhos. Alguns tratam a relação com o filho como se fosse um investimento de longo prazo, uma forma de previdência privada. Tanto que existem várias histórias de pessoas que ganham dinheiro enganando famílias, fazendo com que paguem por um *book* ou portfólio de crianças de 10, 12 anos, sob argumento de que aquilo servirá para a criança ser selecionada num *casting* de tevê ou de publicidade.

Como são áreas em que as carreiras bem-sucedidas resultam em projeção de imagem e enriquecimento rápidos, é muito comum, especialmente nas áreas menos escolarizadas, que as pessoas paguem por um *book* que provavelmente nunca chegará a algum lugar.

Os pais devem exercer responsabilidade até para ajudar na preparação do filho para ganhar autonomia.

> Eu tenho encontrado com muita frequência pais que acham que o projeto de vida deles é colocar o filho num determinado caminho. Esse é o projeto dos pais, não dos filhos. Alguns tratam a relação com o filho como se fosse um investimento de longo prazo, uma forma de previdência privada.

Por exemplo, enquanto um estudante é meu aluno, eu tenho sobre ele uma autoridade docente. Mas o meu desejo é que ele seja autônomo. Meu desejo é que, quando terminar a atividade pela qual eu sou o responsável, ele vá por si mesmo. Não quero que ele crie uma relação de dependência comigo. Quero criar uma relação de influência para gerar autonomia. Formar alguém é diferente de moldar alguém. Eu insisto nessa ideia de até ele entrar na vida adulta legalmente, porque a nossa sociedade estabelece esse marco de 18 anos. Poderia ser outra idade. Criado esse marco legal, não significa que ao chegar aos 18 anos eu o abandono e digo "agora vá viver sua vida". Afinal, quem ama não descuida.

Ficarei frustrado caso alguém que eu ajudei a formar enverede por um mau caminho? Não entendo desse modo. Eu só me sentirei frustrado como pai ou mãe se tiver deixado de fazer o esforço que deveria ter feito, se houver me omitido, silenciado ou me acovardado. Mas se fiz tudo o que estava ao meu alcance, pautado por princípios éticos, e, se ele tiver desvios em decisões que tomou na vida, eu poderei ficar decepcionado, mas não frustrado. Poderei ficar decepcionado se um filho for para o mundo da droga ilegal, se tiver um comportamento pusilânime no campo da política ou do negócio. Mas frustrado, não. Tê-lo gerado biologicamente ou amorosamente dá a mim uma potência limitada. Você não faz as pessoas como deseja.

Em alguns debates sobre educação realizados pelo Brasil, tenho dito que o mais assustador para mim em relação à patifaria, à corrupção no campo da política, é que todos os envolvidos passaram pela escola. Como educadores e educadoras escolares não temos de nos perguntar "o que eu fiz?", mas "o que eu não fiz?". Alguma coisa deixamos de fazer na formação coletiva, durante pelo menos 14 anos de escolaridade em que as pessoas estiveram conosco. Alguma coisa aconteceu que a nossa influência foi quase nula. Mas também devo ressalvar que 95% dos que passaram por nós não são patifes. Porque os patifes nacionais são em número mais limitado.

Em 2012, eu vivi uma situação que, como professor, jamais imaginei que aconteceria. Estava assistindo pela televisão à transmissão de uma CPI no Congresso Nacional e um dos deputados que era presidente da comissão estava inquirindo um cidadão que tinha integrado os quadros do governo. O meu susto ao ligar a TV foi que tanto o interrogador quanto o interrogado haviam sido meus alunos. Ambos conviveram comigo por dois anos num período da semana. Como docente, quando vi o réu, que merecia ser réu — depois a culpa dele foi comprovada —, eu tive uma sensação dupla: orgulho de ajudar a formar a boa argumentação do inquisidor e decepção com o inquirido, porque achei que ele não seria capaz de fazer aquilo. Mas eu não fiquei frustrado, porque não fui eu que disse que ele deveria fazer aquilo; ao contrário, no curso de ética que eu dei, falei coisas que deveriam orientá-lo numa direção mais positiva.

Cautela com a ideia de frustração, porque é claro que fiquei decepcionado, entristecido pelo malfeito ter acontecido. Mas eu não sou responsável por completo pelo caminho que alguém segue depois que sai da minha autoridade direta e específica.

Eu tenho o meu limite.

18

E A TURBULENTA ESCOLHA DA ESCOLA?

Decidir em que escola matricular os filhos exige reflexão dos pais. Especialmente nos dias atuais, em que há um grande debate sobre a contraposição entre formar uma pessoa com competências técnicas, voltadas para o mercado, ou com competências socioemocionais.

Já mencionei neste livro que a vida não é uma corrida de 100 metros com barreiras, a vida é uma maratona. Quando uma família vai escolher uma escola para os filhos, precisará ter clareza do que deseja com aquela opção. Há pessoas que põem um filho na escola para preparar um combatente, alguém que precisa ser treinado para o mercado, para a sociedade, para a carreira. Mas essa é uma situação eventual, não podemos supor que passemos a existência em combate. Esse tipo de perspectiva diz muito mais respeito a um adestramento, a um treinamento, do que a um processo formativo/educacional que carrega dentro dele o treinamento e o adestramento, mas não se esgota nisso. Ele lida com as habilidades da inteligência e do afeto que são muito mais amplas do que estar preparado para vencer a qualquer custo.

É necessário que a escolha de uma escola se dê em função de uma instituição de ensino com valores compatíveis com os que a família adota no campo da ética e do afeto. Ao mesmo tempo, que sejam valores formativos de alguém que terá uma existência mais longa do que episódios eventuais de competição, como o vestibular, o Enem, a entrada no mercado de trabalho.

O pressuposto é formar um ser humano que tenha uma inteligência mais aberta, que tenha mais disponibilidade de aprender e reinventar aquilo que faz no dia a dia. Não preparar um fuzileiro para o combate.

Claro que uma família não pode deixar de preparar o filho também para o mercado de trabalho, para ter um bom desempenho nos testes e avaliações, mas não pode se restringir somente a isso. Uma formação mais tecnicista daria condição de o filho vencer um obstáculo, mas não proporcionaria uma visão mais ampla após a superação dessa etapa. Até porque a pessoa pode ficar bem treinada

O pressuposto é formar um ser humano que tenha uma inteligência mais aberta, que tenha mais disponibilidade de aprender e reinventar aquilo que faz no dia a dia. Não preparar um fuzileiro para o combate.

para uma atividade exclusiva, mas nem sempre para dar o passo subsequente.

Os pais precisam ter claro o que desejam. Questão a se pensar: se o foco fosse o filho passar num exame, não seria mais adequado colocá-lo numa escola que dê uma formação mais ampla e num cursinho para treiná-lo para aquele objetivo? Eu, particularmente, acho mais adequado.

A vida não é feita apenas de testes, mas também de planejamento, de visão estratégica. De maneira geral, a formação muito tecnicista reduz a capacidade de uma percepção mais ampla, de sensibilidade para outras atividades, bloqueia a habilidade para a inovação. Ela é, sem dúvida, muito operacional, faz o circuito funcionar, mas não faz criar, não faz ampliar os horizontes. Quase sempre as pessoas ligadas ao mundo da criação, das artes, passaram por instituições de ensino públicas e privadas onde havia uma atenção maior ao campo da criatividade. Vamos pegar os casos clássicos: o Mark Zuckerberg, um dos fundadores do Facebook, o Bill Gates, um dos criadores da Microsoft, passaram por Harvard, que não é só a maior escola do mundo, mas uma instituição onde as dimensões literária, humanista, da formação em valores, da sensibilidade estética andam lado a lado com as ciências. Se um brasileiro, por exemplo, for se candidatar a uma vaga em Harvard, terá de preencher um campo sobre os trabalhos sociais que fez aqui no Brasil. Todas as pessoas que eu conheço aceitas em Harvard, em Stanford tiveram de mostrar o que faziam pela comunidade nas cidades onde viviam.

A formação tecnicista prepara para 100 metros rasos, mas não para a maratona que é a vida, em que é preciso saber dosar velocidade, ter visão mais diversificada para encontrar as soluções no dia a dia.

CONCLUSÃO

TEMPO DE SERENAR: JORNADA GRATIFICANTE, DEVER CUMPRIDO E OBRA AMOROSA!

Uma das sensações mais gostosas da vida é perceber que você não desiste daquilo que precisa ser cuidado. A relação afetiva, a relação de formação, a relação de carinho é, na essência, uma relação de amorosidade. Na relação de pais e mães ou de responsáveis por crianças e jovens, há uma amorosidade em que você enxerga o resultado do esforço realizado, das horas utilizadas ao longo da trajetória. E sente orgulho da sua capacidade de vida e da sua persistência.

Num determinado ponto, ao observar o caminho que você percorreu — no qual teve de se desdobrar, teve vários desgastes no dia a dia —, tem a convicção de que aquela jornada lhe trouxe um nível de satisfação, uma alegria imensa. Nós, professores e professoras, temos mais facilidade nessa percepção porque, volta e meia, encontramos pessoas que ajudamos a formar e expressam abertamente o sentimento de gratidão. É bastante comum encontrar depois de 10, 20 anos pessoas que até hoje me chamam de professor. E não é só questão de reverência, é um reconhecimento da obra realizada.

Em relação aos filhos ou às crianças que ajudamos a formar — nem sempre filhos de sangue, mas nossos como afeto —, há, sim, um mérito imenso nesse processo, que também tem suas dores, mas é uma conquista marcada pela coragem de fazer o que tem de ser feito. Portanto, é uma prova de não desistência e de que a amorosidade conduz a um bom lugar.

Assim como há pais e mães que se entristecem quando os seus filhos se desvirtuam no caminho, há também o inverso, que é a maioria. Porque a quantidade de canalhas entre nós não é tão extensa quanto a de homens e mulheres decentes. As pessoas que se tornaram pais de família, profissionais dedicados, agentes promotores de melhorias na comunidade são bem mais numerosas do que aquelas que não o são. Felizmente é assim; caso contrário, a vida já teria ruído. Por isso, é doloroso para um pai ou para uma mãe olhar aquilo que o filho fez e concluir que, mesmo com uma boa intenção, o resultado não foi aquilo que se desejava.

A convicção de que aquilo que precisava ter sido bem-feito foi feito é o que reforça a ideia de esperança ativa, isto é, de buscar, de ir atrás, de se juntar, de não desistir. Dá trabalho, mas é extremamente gratificante.

Particularmente, eu vejo situações que meus filhos vivenciam no dia a dia e isso me dá um prazer imenso, não soberba, mas um orgulho imenso de ver que aquela trajetória, aquela condição, aquele cuidado, é algo que exuberou a vida. E tenho a grata constatação de que cumpri o meu dever, porque eu, como pai de família, como tio, como alguém que convive com o outro, tinha e continuo tendo o dever de cuidar. E esse é um dever que ninguém me impôs. É um dever que eu assumo como maneira de ser honrado e decente na minha vida.

Ao olhar esse percurso, sou visitado pela dupla sensação de que cumpri meu dever e de que a obra é boa. Eu não tenho a sensação divinal, mas ela é aproximada ao relato que os hebreus fazem da criação do mundo. Claro que existe aí um exagero, mas eu não deixo de pensar em alguns momentos da minha vida na discussão sobre Javé na criação do mundo, em que ele, no sétimo dia, sentou e descansou. E a frase que antecede isso é "e viu que era bom". Fez o céu e a terra e viu que era bom. Fez o homem e a mulher e viu que era bom; quando chegou no seu sétimo dia, no seu sabático, ele sentou e descansou porque viu que era bom.

Uma das coisas que me deixarão com uma perturbação menor é em relação ao dever que cumpri como pai. E, ao cumpri-lo, vi que era bom. Vi que era bom fazê-lo, vi que era bom o resultado, vi que não era só bom, mas era extensamente bom. Nunca é só bom. Mas naquilo que bom é, eu jamais deixei de admirar. Por isso, a sensação em relação àqueles que ajudei a formar é de admiração. *Ad* + *mirar*, olhar a distância. É quando você contempla o resultado do seu esforço, da sua inteligência, do seu afeto, e sorri. Em vários momentos da vida, eu sorri lembrando o resultado da minha ação amorosa. No entanto, a amorosidade sem dedicação, sem competência, é mera boa intenção. Nesse sentido, a alegria que resulta da possibilidade de ajudar a formar outras vidas, em grande medida, vem, primeiro, de não ter deixado de fazer o que deveria ter sido feito e, segundo, por tê-lo feito com sucesso; portanto, essa admiração permite a contemplação da obra. Assim como sou capaz de contemplar um jardim que ajudei a plantar ou uma bela mesa posta para um almoço em família e ver como é gostoso ser capaz de prover aquilo que é bom. Nesse sentido, essa admiração dá o passo final, que é admirar a mim mesmo.

Sim, em alguns momentos — não em todos — eu me admiro do que fiz e, nessa hora, me engrandeço.